Para entender a cultura brasileira

**Fernando Lanzer e
Jussara Pereira de Souza**

Publicado com o apoio de
LCO Partners BV
Meester F. A. van Hallweg 23
1181ZT – Amstelveen
Holanda

Para entender a cultura brasileira
Primeira impressão outubro 2017

ISBN-10: 1974017184
ISBN-13: 978-1974017188

Dedicamos esse livro a todos aqueles que adoram o Brasil: tanto estrangeiros quanto brasileiros.

Agradecimentos

Somos gratos a milhares de parentes, amigos e colegas que nos ajudaram a entender a cultura brasileira e muito especialmente aos colegas de trabalho citados em seguida.

Professor Geert Hofstede, um exemplo inspirador de mente aberta e curiosa.

Huib Wursten e Bob Waisfisz, co-fundadores do ITIM International, que muito nos ensinaram; e cuja amizade continuamos a prezar até hoje.

José Carlos Teixeira Moreira e toda a equipe do IMI – Instituto de Marketing Industrial e da EMI – Escola de Marketing Industrial, em especial Sigmar Malvezzi, Sônia Sabbag, Pedro ... Henrique ... e Nuno ... que contribuíram para o avanço dos estudos sobre as diferenças regionais da cultura brasileira, patrocinando e realizando com Jussara a maior pesquisa já feita sobre o tema.

Ailton Barcelos Fernandes, pela longa amizade e pelo prefácio.

Prefácio

Fernando Lanzer e Jussara Pereira de Souza acabaram por criar neste instigante "Para entender a cultura brasileira" uma obra seminal. Um livro muito bem-vindo. Acompanho pesquisas de clima e cultura desde 1971. Naqueles tempos da década de 70, dois projetos revolucionários de pesquisas de clima e cultura desbravaram pioneiramente as trevas e a forte ignorância humano-social das organizações sobre si mesmas. Refiro-me as históricas pesquisas internacionais (dezenas de países) da IBM e da SHELL. Nesta última tive o prazer de inserir-me a medula. Até então, uns mínimos de organizações sabiam qualquer coisa sobre seus próprios climas e culturas. A esmagadora maioria nem sequer exibia interesse sobre o tema ou o desconhecia. As instituições navegavam (ou naufragavam) dentro do seu complexo lado humano como se vivessem o aflitivo "Ensaio sobre a cegueira" do magistral José Saramago onde entre os personagens principais, temos o primeiro cego, a mulher do primeiro cego, o médico, a mulher do médico (que vê), o velho com a venda no olho e o rapazinho estrábico. A "cegueira branca". As organizações não tinham olhos para a cultura. Ou seus olhos eram cegos, -incapazes de ver.

É certo, naqueles tempos, que ainda faltava (estava sendo gestada) uma teoria amadurecida para uma densa compreensão dos fatos culturais organizacionais. No distante 1957 tivemos o pioneiro "O lado humano das organizações" do psicólogo social Douglas Mac Gregor do MIT (*Massachussetts Institute of Technology*) que se imiscuiu nos aspectos motivacionais. A década de 60 foi fértil no plano teórico, e houve uma explosão da Psicologia Social e sua aplicabilidade nas organizações e por fim, naquele período, tivemos toda a estrutura conceitual e prática que culminou com o movimento de Desenvolvimento Organizacional com destaque para Edgar Schein, um respeitável teórico (entre outros) do DO. Finalmente, clima e cultura foram postos em cima da mesa e deflagrada sua possibilidade analítica através de pesquisa. De lá para nosso tempo presente houve um notável progresso das chamadas *behavioral sciences* (ciências do comportamento).

Por outro lado, no Brasil muitos historiadores e sociólogos produziram obras muito relevantes, de elevado significado e pioneirismo, para a compreensão humana-social e política deste nosso país e de suas organizações. Aligeiradamente cito: Guerreiro Ramos, Florestan Fernandes, Hélio Jaguaribe, Mauricio Tragtenberg, Nelson Werneck Sodré, Raymundo Faoro, Gilberto Freyre, Celso Furtado, Sérgio Buarque de Holanda, Caio Prado Júnior e vários outros da mais alta e larga importância.

Na sua raiz Cultura é um conceito antropológico. Desde tempos pretéritos tenta-se esclarecer diferenças comportamentais entre os homens, com fundamento em diferenças genéticas, geográficas, biológicas, ambiente físico etc., entretanto, estes elementos pouco explicam a diversidade cultural.

Colocando os pés bem firmes no chão darei um exemplo bem singelo, quase pedestre, uma banalidade que resultou em grave conflito e desentendimento entre pessoas de lugares distintos por razões puramente culturais. Trago o registro do plano do mundo dos negócios, um fato de choque de cultura que inviabilizou o bom convívio e frustrou grandes oportunidades. Esclareço que gosto de exemplos que foram assepsiados pelo tempo, a ninguém causam constrangimentos. Bem, depois do Brasil ter realizado avolumados negócios com o mundo árabe na década de 1980, com a notável e surpreendente exportação de automóveis, uma expressiva comitiva de empresários brasileiros dirigiu-se para negócios naquela região do mundo que tem como marca registrada uma exuberante riqueza cultural. Lá, os empresários brasileiros encontravam-se num salão de um sofisticado hotel aguardando os seus pares árabes. Com as peculiaridades culturais brasileiras, os brasucas estavam à vontade. Alguns com os pés expostos sobre cadeiras em ampla informalidade. Resumidamente: os árabes adentraram ao ambiente e houve uma reunião curtíssima e gélida. Sem resultados e sem prosseguimento da agenda. Patético fim. Inconscientemente os brasileiros perpetraram um ato de grave ofensa e desprezo naquela cultura. Depois, auxiliados pelo Itamaraty, tomaram dura consciência de que os árabes se sentiram especialmente ofendidos, desrespeitados por serem recebidos por pessoas que lhes mostravam, lhes submetiam, a sola de seus sapatos. Um fracasso. No caso, é o desconhecimento da cultura como aríete da separação traumática de grupos. Reforço o mesmo exemplo, em outro contexto, para também sublinhar o fato cultural. Neste novo caso, um acontecimento internacional beligerante bastante conhecido. Não foi por afeto, ou meramente à toa, que um jornalista iraquiano atirou um sapato contra o ex-presidente Bush durante uma entrevista em Bagdá. Durante o ataque, o repórter da TV Al-Baghdadiya, Muntazer al-Zaidi, chamou Bush de "cão" em árabe. A sapatada "É o beijo de despedida, seu cão", disse ele. O sapato, a sola do sapato, como arma de desqualificação e ofensa.

De forma muito mais consistente, encorpada e metodológica do que o do simples exemplo que trouxe, a inovadora perspectiva de Fernando Lanzer e Jussara Pereira de Souza é a de oferecer ao brasileiro a oportunidade de ver sua própria cultura, vista sob um enfoque externo a ela. Lembra-me neste prisma, o importantíssimo clássico "O Brasil no Espelho do Mundo", de Otto Maria Carpeaux quando este brilhante austríaco, o mais denso analista político brasileiro de todos os tempos, inundava-nos de uma perspectiva externa. Sem casulos.

Fernando e Jussara adotam para suas conclusões o modelo das dimensões culturais concebido pelo Professor Geert Hofstede na Holanda e baseado em pesquisa internacional. Uma métrica de outra cultura, de novo, -o Brasil no espelho do mundo. Uma chance de nos olharmos com a visão do mundo. Nada mais prático do que uma boa teoria – Kurt Lewin –. O método empregado por eles no livro é o do diálogo. Conversam e a dimensão dos fatos são aprofundadas. Um verdadeiro *pas de deux* – que como todos sabem é o trecho do ballet dançado por um bailarino e uma bailarina. Passo de dois. Os dois bailam. Em vez do 'Lago dos Cisnes,' a 'Cultura Brasileira'.

Fernando e Jussara escreveram 37 capítulos de elevada pertinência com a cultura brasileira e enfrentaram a tarefa com rara competência e generosidade. Afinal, dedicaram o livro a todos aqueles que adoram o Brasil: tanto estrangeiros quanto brasileiros. Estou convicto que o leitor usufruirá muitíssimo. Finalizando: ao início disse que se tratava de 'obra seminal'. É certo que trará novas ideias, será gerador de novas obras pois é um livro realmente inspirador.

Ailton Barcelos Fernandes
Psicólogo, Ex–Ministro da Industria, Comércio e Turismo
e Ex–Ministro da Agricultura, Pecuária e Abastecimento
Presidente(CEO) da Barcelos-Fernandes & Associados

Índice

1. Por que escrever esse livro?

Porque uma boa maneira de conhecer sobre outras culturas é começar por conhecer em profundidade a sua própria cultura. Fazendo uma analogia: para se relacionar bem com outras pessoas é importante que você comece por conhecer mais a si mesmo. Quanto mais você se conhece, melhor você entende e se relaciona com os outros. Sabemos que as pessoas têm opiniões sobre suas respectivas culturas, mas quanto maior for o conhecimento a respeito da própria cultura, maior será a capacidade de cada um de entender e de se relacionar com culturas diferentes da sua.

Por outro lado, quando experimentamos outras culturas e nos confrontamos com outras maneiras muito diferentes de ver o mundo, é quando realmente temos oportunidade de entender os valores que sustentam nossa própria cultura. Existe um provérbio árabe que diz: "o peixe só descobre a água quando sai fora dela." O peixe não se dá conta de que a água existe, até que saia dela. Muitas vezes, só nos damos conta de aspectos da cultura brasileira quando saímos do Brasil e experimentamos como as coisas são diferentes em outros lugares. Então começamos a perceber mais claramente diferenças e similaridades e as vezes começamos a sentir falta de alguns hábitos que são típicos da cultura brasileira e que não existem nesse outro ambiente.

Os estudos no campo de cultura são então comparativos. Não significando comparação em termos de juízo de valor, mas em termos de relatividade. Por exemplo: só se pode dizer que uma cultura é mais ou menos hierárquica quando se olha uma relação à outra. Isso não quer dizer que uma seja melhor ou pior do que a outra, mas é preciso comparar para realmente estabelecer que existe uma diferença relativa em termos do quanto esta característica se manifesta numa dada cultura.

Um aspecto interessante a que nos propomos neste livro é analisar a cultura brasileira também sob uma perspectiva estrangeira. O modelo das dimensões culturais do Professor holandês Geert Hofstede, que utilizamos no nosso trabalho e também aqui, representa essa visão de fora. É como se tivéssemos um estrangeiro olhando para a cultura brasileira, ou usando uma medida diferente, externa, que se soma aos tantos estudos que temos sobre nossa cultura. Ganha-se objetividade quando se sai do país e se compara olhando de fora, e quando se usa uma medida que não foi criada na própria cultura.

O modelo das dimensões culturais de Hofstede foi concebido com base em pesquisas sobre as características culturais de vários países, sendo ele pioneiro nos estudos neste campo utilizando medidas estatísticas. Assim, oferecemos ao leitor brasileiro a oportunidade de encarar sua própria cultura também sob um prisma externo à ela. Em função das interações com outras nacionalidades, que fazem parte integrante e essencial do nosso trabalho de consultores, incluímos aqui não apenas a nossa visão, mas também a visão de pessoas de outros países sobre os brasileiros.

Nesse livro, além de diferentes visões sobre características da cultura brasileira, trazemos exemplos concretos disso. Descrevemos como as pessoas veem na prática o trabalhar com brasileiros, o viver no Brasil, ou o trabalhar com brasileiros a partir de outros países, e citamos situações práticas que ilustram isso. O modelo das dimensões é utilizado como um quadro de referências que ajuda a criar uma linguagem comum a qual facilita o entendimento dos exemplos práticos. O livro contém 37 capítulos em forma de diálogo e o título de cada capítulo está relacionado a uma noção popular do que seria a cultura brasileira. Sem erudição, examinamos o substrato teórico que pode dar sustentação a essas noções populares, ligando os exemplos práticos à teoria que pode ajudar a explicá-los. Iniciamos então com uma apresentação resumida do modelo de dimensões culturais desenvolvido por Hofstede e em cada capítulo vamos dialogando sobre aspectos práticos da cultura brasileira e como são interpretados à luz das dimensões culturais e da nossa experiência internacional.

E para quem não teve oportunidade ou interesse de sair do país? Como é que esse livro pode ajudar?

Pode ajudar no sentido de trazer a discussão desses temas de forma prática e ao mesmo tempo, com uma base conceitual reconhecida e respeitada internacionalmente.

Mesmo que o leitor não tenha vivido, trabalhado ou visitado uma outra cultura, pode ter interesse no assunto. É importante entender o impacto das diferenças culturais no dia-a-dia. Entender por exemplo sobre as diferentes maneiras de se trabalhar e de, entre outros, de liderar equipes. Conversamos aqui sobre as práticas de gestão no Brasil e as práticas de gestão em outras culturas, para estimular a discussão de que nossas práticas no Brasil não são universais como muitas vezes se pensa e sim, muito brasileiras.

E o que significa isso? Vamos conversar?

2. O Modelo de Dimensões Culturais

Geert Hofstede é reconhecido mundialmente como o pioneiro dos estudos culturais, desde a década de 1970. Foi escolhido em 2008 um dos pensadores mais influentes no mundo dos negócios, sendo que entre os vinte pensadores mais citados por CEO's numa enquete feita pelo Wall Street Journal, era o único não americano na lista. Permanece como o segundo autor mais citado como referência bibliográfica em teses de mestrado nos Estados Unidos.

Hofstede era um psicólogo gerente de uma unidade no departamento regional de Recursos Humanos da IBM na Europa. No início dos anos 70, recebeu um extenso relatório sobre a pesquisa de clima que a organização acabara de realizar com mais de 100 mil funcionários no mundo inteiro. Debruçou-se sobre o documento e ficou intrigado com as diferenças estatísticas entre as respostas dadas em diferentes partes do mundo. Pediu a seus superiores que lhe dessem acesso ao banco de dados completo da pesquisa, para fazer uma análise mais profunda e isso foi autorizado.

A partir daí Hofstede fez um rigoroso trabalho estatístico, comparando amostras equalizadas (por exemplo: funcionários com o mesmo grau de instrução, mesma faixa etária, mesma função, mesmo tempo de empresa) de diferentes países e procedeu uma extensa análise fatorial, até identificar determinadas questões (entre as dezenas utilizadas na pesquisa) cujas diferenças nas respostas eram estatisticamente significativas. Assim nasceram as "dimensões culturais" que se tornaram a base dos estudos culturais até hoje.

O professor deixou o emprego e passou a dedicar-se às pesquisas culturais em tempo integral, na Universidade Limburg, em Maastricht. Outros pesquisadores se juntaram a ele ao longo dos anos e replicaram o estudo, confirmando os primeiros resultados. Logo o tema se tornou objeto de centenas, depois milhares, de pesquisas no mundo inteiro.

O resumo das cinco dimensões

Para uma descrição mais detalhada do modelo de Hofstede, sugerimos consultar o livro de Fernando Lanzer "Cruzando Culturas - sem ser atropelado: gestão transcultural para um mundo globalizado", publicado pela Editora Évora, de São Paulo, em 2013. Para utilizar o modelo como referencia, o presente resumo deve ser suficiente. Os escores de pesquisa atualizados para cem países se encontram no website do Hofstede Centre.

Distância de Poder (DIP) é o grau em que os integrantes de uma sociedade, organização ou grupo de pessoas, aceitam que o poder seja distribuído de maneira desigual. Essa noção afeta o comportamento daqueles que detêm menos poder, bem como daqueles que detêm mais poder. As pessoas nas sociedades que demonstram alta Distância de Poder aceitam a existência de uma ordem hierárquica na qual cada integrante tem seu lugar e não é necessário justificativa adicional para sua posição. As pessoas nas sociedades de baixa Distância de Poder buscam a igualdade da distribuição do poder e exigem justificativas para as desigualdades de poder porventura existentes.

A questão básica de que trata essa dimensão é como a sociedade lida com as desigualdades de poder, quando elas ocorrem. Isso tem consequências óbvias para a maneira como as pessoas constituem suas instituições e organizações. Por exemplo: a maioria dos países da América Latina, da África e da Ásia possuem escores elevados em Distância de Poder.

Baixa Distância de Poder	Alta Distância de Poder
Baixa dependência	Alta dependência
Desigualdades minimizadas	Desigualdade aceita
A hierarquia determina papéis desiguais por conveniência	A hierarquia representa desigualdades existenciais
Os superiores são seguidamente acessíveis	Os superiores são seguidamente inacessíveis

Todos devem ter direitos iguais	Os detentores do poder têm direito a privilégios
O prestígio visível não é tão importante para demonstrar diferenças de poder	O prestígio visível é importante para mostrar diferenças de poder
Os poderosos procuram aparentar menos poder do que realmente têm	Os poderosos procuram aparentar serem o mais poderosos possível

Individualismo versus Coletivismo (IDV) representa, na vertente de Individualismo, que o grupo valoriza uma rede social mais solta e distante, na qual os indivíduos devem se responsabilizar apenas por si próprios e por sua família imediata (pais, filhos e irmãos). O oposto disso é o Coletivismo, que representa uma preferencia por uma rede social mais próxima e apertada, na qual os indivíduos esperam que seus parentes, seu clã ou outro grupo ao qual pertençam cuidem de seus integrantes em troca de fidelidade inquestionável (deve ficar claro que o termo "coletivismo" aqui empregado não tem qualquer vínculo com qualquer sistema político). A questão básica de que trata essa dimensão é o grau de interdependência a ser mantido entre indivíduos. Se refere também ao conceito que as pessoas têm de si próprias, como "nós" ou como "eu". A maioria das sociedades sul-americanas são coletivistas, enquanto que os países anglo-saxônicos, germânicos e escandinavos (entre outros) são mais individualistas.

Coletivismo (baixo Individualismo)	Individualismo
"Nós" consciente	"Eu" consciente
Opiniões predeterminadas pelos grupos	Opiniões individuais
Obrigações extensas para com a família, grupos e sociedade	Obrigações para consigo mesmo: - auto interesse - auto-realização

Procura-se salvar as aparências, vergonha	Evita-se perder o respeito próprio, culpa
As decisões em grupo são consideradas melhores do que as decisões individuais	As decisões individuais são mais valorizadas do que as decisões grupais
Não há uma divisão clara entre a vida privada e a vida profissional	Divisão clara entre a vida privada e a vida profissional
O relacionamento é a prioridade ao iniciar uma relação de trabalho ou de negócios	A tarefa é a prioridade ao iniciar uma relação de trabalho ou de negócios

Orientação para o Desempenho versus Qualidade de Vida (DES) significa que nas sociedades que apresentam escore mais elevado, se valorizam mais a realização e o sucesso do que o cuidar dos outros e ter uma boa qualidade de vida. A Suécia é o país com o escore de pesquisa mais baixo encontrado até aqui, o que significa que os suecos em geral tendem a buscar consenso e trabalham para que possam viver bem, ao invés de viverem para o trabalho. Resultados semelhantes foram encontrados na Holanda e nos demais países nórdicos.

Qualidade de vida	Desempenho
Qualidade de vida, nivelamento	Ambição por desempenho, destaque
Busca do consenso	Tendência a polarizar
Trabalhar para poder viver	Viver para o trabalho
O bom é ser pequeno e lento	Ser grande e rápido é bom
Simpatia pelo desafortunado	Simpatia pelo vencedor
O prestígio não é tão importante para mostrar sucesso	O prestígio é importante para mostrar sucesso

Mais intuição	Mais racionalidade e decisão
Ser melhor do que os outros não é recompensado socialmente nem materialmente	O realizador bem sucedido recebe recompensas em termos de riqueza e prestígio

Controle da Incerteza (CDI) é o grau em que os integrantes de uma sociedade, organização ou grupo se sentem desconfortáveis com a incerteza e a ambiguidade. Esse sentimento os leva a certas crenças que prometem maior certeza e os leva a manter instituições que protegem a conformidade. Países com alto Controle da Incerteza mantêm rígidos códigos de conduta e de crenças, sendo menos tolerantes aos desvios em termos de conceitos e comportamento. As sociedades com baixo controle da incerteza mantêm uma atmosfera mais solta em que a prática é mais importante do que os conceitos e princípios, onde os desvios são mais facilmente tolerados. A questão básica dessa dimensão é como uma sociedade reage diante do fato que o futuro é desconhecido: ela tenta controlar o futuro ou simplesmente "deixa acontecer". Assim como a Distância de Poder, o Controle da Incerteza tem consequências claras para a maneira como as pessoas estruturam suas organizações. Entre outros, Portugal, Grécia e Alemanha são exemplos de alto Controle da Incerteza.

Baixo Controle da Incerteza	Alto Controle da Incerteza
Menos estresse e ansiedade	Mais estresse e ansiedade
Trabalhar muito não é uma virtude em si	Propensão a trabalhar duro
Agressão e emoções não se expressam	Expressar agressão e emoções é aceito
Conflito e competição menos ameaçadores, fazem parte	Conflito e competição levam ao imprevisível e são indesejáveis
Aceitação de divergências, tolerância	Intolerância de ideias e pessoas divergentes

Maior disposição para enfrentar o desconhecido na busca do êxito	Preocupação com segurança e evitar fracasso
Quanto menos regras, melhor	Necessidade de normas e formalidade para estruturar a vida

Orientação de Longo Prazo (OLP) é uma dimensão que expressa o grau em que uma sociedade valoriza uma perspectiva pragmática voltada para o resultado eventual no longo prazo, ao invés de uma perspectiva normativa, voltada para convenções no curto prazo. As culturas com escores elevados são encontradas principalmente na Ásia, mas também o Brasil tem um escore elevado.

Nas culturas asiáticas se acredita que verdades diferentes e até contraditórias podem coexistir sem problema; se valoriza o pensamento voltado para o longo prazo; mudanças são aceitas com mais facilidade; e se procura poupar muito, como investimento para eventualidades futuras. A questão básica à qual essa dimensão se refere diz respeito à flexibilidade na aplicação de normas e na escolha de múltiplos caminhos para atingir um objetivo distante. A China é o país com o maior escore, de longe. A maioria das culturas europeias e norte-americanas apresentam um escore baixo nessa dimensão. Nessas culturas, se acredita numa verdade única e absoluta, se valoriza a estabilidade e os resultados de curto prazo.

Baixa OLP	Alta OLP
Se esperam resultados rápidos	Persistência na busca de resultados que não podem ser obtidos imediatamente
Preocupação em descobrir a verdade absoluta	Muitas verdades
Normativa	Pragmática
Preocupação com estabilidade e coerência pessoal	Aceitação de mudanças, inter-relações e relativismo

| Certo e errado | Tudo depende |
| Resiliência | Flexibilidade |

Embora as cinco dimensões tenham sido inicialmente identificadas para diferenciar culturas nacionais, logo se constatou que elas revelam também aspectos importantes de cultura organizacional, conforme resumido nas tabelas que se seguem:

Implicações para cultura organizacional

Baixa Distância de Poder	Alta Distância de Poder
- o poder é descentralizado - os gerentes se apoiam na experiência das suas equipes - os empregados esperam ser consultados - o chefe ideal é um *"coach"* - a hierarquia é por conveniência - menores diferenças salariais	- o poder é centralizado - os gerentes se apoiam nos seus superiores e nas normas existentes - os empregados esperam ser comandados - o chefe ideal é paternal - a hierarquia é existencial - grandes diferenças salariais

Organizações Coletivistas	Organizações Individualistas
- os relacionamentos são baseado em acordos psicológicos - eu cuido de vocês, vocês são fiéis a mim em contrapartida - "feedback" é sempre indireto - nepotismo acontece amiúde - recompensas coletivas	- os relacionamentos são baseados em contratos escritos - cada um deve cuidar de si mesmo - o "feedback é sempre direto - nepotismo é rejeitado - recompensas individuais

Qualidade de Vida	Desempenho
- se evitam os conflitos	- os conflitos são uma forma de decidir quem é o melhor
- se trabalha para viver	- se vive para trabalhar
- os incentivos são: ter mais tempo livre e flexibilidade	- os incentivos são: dinheiro, status e privilégios
- diálogo e rediscussão	- ser decisivo

Baixo Controle da Incerteza	Alto Controle da Incerteza
- os generalistas são preferidos	- os especialistas são preferidos
- menos planejamento e estruturação	- necessidade de planejamento e estruturação, burocracia
- menor necessidade de informação para decidir ou assumir riscos	- se evitam os riscos e se buscam muitas informações antes de decidir

Baixa Orientação de Longo Prazo	Alta Orientação de Longo Prazo
- foco nos resultados	- foco no posicionamento
- lucro deste ano	- lucro daqui a dez anos
- baixa poupança	- alto índice de poupança
- pouco dinheiro para investir	- grandes somas para investir
- contratos são referencia	- contratos menos importantes

A essencialidade das dimensões culturais

As cinco dimensões são atávicas, arquetípicas. Elas transcendem os países e as organizações. Como tal, podem ser utilizadas para medir e diagnosticar as culturas de quaisquer grupos, sejam esses grupos nações, organizações, ou equipes. O que acontece é que as cinco dimensões representam os aspectos mais básicos e primários dos valores culturais, aprendidos na infância. Fazem parte do inconsciente coletivo mencionado por Carl Jung; pode-se dizer que constituem o Superego coletivo e Hofstede foi o primeiro cientista que conseguiu medir estatisticamente esse construto coletivo.

Esses valores, por serem primários e aprendidos na infância, são muito permanentes e difíceis de mudar. Quando mudam, isso acontece muito devagar. Em termos coletivos, essas mudanças são pequenas e muito lentas.

Vide também: "Era Uma Vez, Mas Não Erra de Novo!" de Fernando Lanzer e Jussara Pereira de Souza; "Tire Os Seus Óculos," e ainda "Clima e Cultura Organizacional: Entender, Manter e Mudar," de Fernando Lanzer.

3. Os escores da cultura brasileira

Os escores brasileiros nas cinco dimensões de Hofstede são: Distância de Poder (DIP) 69; Individualismo (IDV) 38; Orientação para Desempenho (DES) 49; Controle da Incerteza (CDI) 76; e Orientação de Longo Prazo (OLP) 65.

J: Nós usamos os escores como referencia, mas eles são apenas isso: uma referencia estatística. O mais importante é entender as características da cultura, em termos de descrever como ela é. Os números são até secundários.

F: É importante dizer que os escores não são para serem tomados assim literalmente ou ao pé da letra. O próprio Hofstede dizia que não se deve ficar fixado nos escores. Se ele verificou um escore de 49 em termos de Orientação para Desempenho, não cabe ficar discutindo: "ah não, mas não devia ser 49, devia ser 47, ou devia ser 51..."; essas diferenças pequenas de números não são relevantes.

J: Também vale destacar que eles são comparativos. Isso quer dizer, por exemplo, que o Brasil é mais hierárquico do que os Estados Unidos; mas isso não é um escore em termos absolutos. Qualquer outro país também pode ser analisado em comparação com o Brasil. Nós estamos sempre falando numa situação de comparação entre países.

J: A cultura resulta de uma combinação de dimensões. Não é válido analisar apenas dimensão por dimensão, mas sim como as dimensões funcionam em conjunto. Porque uma interfere na outra... e aí o conjunto te dá um efeito diferente. Você pode até ter os mesmos números para um outro país, mas você vai ter uma cultura diferente... porque as dimensões se expressam de maneira distinta.

F: Se quisermos, por exemplo, comparar... sei lá, a Argentina com o Brasil, não é válido usar só uma das dimensões para ver a diferença. Se alguém diz: "o Brasil é mais hierárquico do que a Argentina," isso até é verdade, mas a comparação das duas culturas é muito mais complexa do que apenas pegar essas duas dimensões...

J: Exato, é preciso ver o conjunto. Mesmo que se pegue uma única dimensão. Ser hierárquico num país árabe como a Arábia Saudita é diferente do jeito de ser hierárquico no Brasil ou num outro país da América do Sul. É preciso considerar toda a história daquele país, bem como a própria geografia.

F: Quando eu fiz os programas no Egito, eu vi que os escores brasileiros são muito parecidos com os deles e também são muito parecidos com os escores da Turquia. No entanto, as culturas do Brasil, do Egito e da Turquia têm grandes diferenças. A hierarquia realmente se manifesta de forma diferente. O pessoal no Egito me perguntava muito: "como é que vocês fizeram no Brasil para sair da Ditadura Militar e virar uma democracia? E como é que vocês conseguiram crescer economicamente? Nós aqui no Egito estamos tentando e a gente não consegue, nem crescer economicamente, nem sair da Ditadura Militar." Ocorre que as historias dos dois países são muito diferentes. O Egito passou da monarquia direto para uma ditadura militar, nunca teve eleições para presidente, só em 2013. Portanto, apesar dos escores serem parecidos, existem tantos outros fatores que influem... Se veem algumas coisas em comum e outras muito distintas.

J: Tipo o quê? Dá um exemplo...

F: O fato de haver uma dependência maior do chefe e de se querer um governo forte. Todo mundo se queixa do chefe, por um lado, mas por outro, quer um chefe forte. O Egito tem um ditador militar porque milhões foram às ruas pedir que o presidente eleito fosse deposto, por incrível que pareça. Na Turquia, muita gente se queixa que o Erdogan é, na prática, um ditador, pois prendeu, em 2016, milhares de pessoas que eram da oposição a ele; mas o povo foi às ruas e lutou contra um golpe que tentava derrubá-lo; existem milhões que o apoiaram e seguem apoiando. No Brasil, nós não temos uma ditadura, mas 1/3 da população gostaria de ver uma intervenção militar; estão querendo um ditador. Essa vontade de ter um governo forte, pelo menos por parte de uma grande parcela da população, isso é uma coisa que os três países têm em comum. Agora, na prática, existem diferenças em termos de como essas coisas são expressas. O Egito e a Turquia são mulçumanos e o Brasil é um país católico. São diferenças na maneira de expressar a religião. No Egito todo mundo fala "Incha' Allah" a toda hora, que é, assim "se Deus quiser." Eles falam isso com mais frequência do que, por exemplo, no Brasil.

Você chega e diz assim: "Vamos fazer uma reunião amanhã de manhã?" "se Deus quiser." "Você vai atingir as metas no final do ano?" "se Deus quiser"... ou então... "vai pra casa agora, eu te vejo amanhã?"

"se Deus quiser". No Egito, tudo, o tempo todo, vem acompanhado dessa expressão.

J: Agora, dá uns exemplos de diferenças que você viu da hierarquia...

F: Nas várias vezes em que eu estive lá, percebi que o respeito ao chefe é maior ainda do que no Brasil, em termos das pessoas reverenciarem o chefe...

J: Existe um sentimento de temor, inclusive. Isso é mais forte do que no Brasil. O brasileiro pode ter reverência ao chefe, se você o admira. Você se submete mais a alguém que você admira. No Egito existe algo que vai além disso, é o medo da chefia.

F: Quando a gente fala em termos de paternalismo, que é uma forma de hierarquia, você pode ter o paternalismo benevolente...

J: Que é mais comum no Brasil...

F: ...e o paternalismo severo, que no Egito se vê com mais frequência. Eu estive com uma organização no Egito em que as pessoas diziam que o chefe era muito bom, mas ele era bonzinho demais... ele tinha que ser mais duro, ele tinha que ser mais severo... E conversando com esse chefe, ele me disse: "O importante para motivar as pessoas é fazer com que elas tenham medo de você." E esse era o bonzinho... No Brasil eu acho que a gente só vê isso em algumas poucas empresas.

J: É o paizão no Brasil.

F: Mas o pai benevolente é mais frequente no Brasil do que no Egito.

J: O benevolente é aquele que cuida da família. Você fica na dependência, fica na obrigação para com ele; porque ele cuida de ti, cuida da tua família... mas depois te exige bastante e exige lealdade.

F: No antigo Banco Real, que tinha o Doutor Aloysio Faria como o dono de tudo, as pessoas o admiravam e tinham um carinho por ele, embora fosse, na prática, bastante severo e autoritário. As pessoas queriam ver nele o pai bom e até hoje as pessoas falam com saudade do Doutor Aloysio e daqueles tempos, dizendo que ele era um homem maravilhoso... embora ele não fosse conhecido por ser benevolente, mas por ser severo. O que eu estou querendo dizer é que as pessoas querem o benevolente e chegam a perceber o severo como sendo benevolente... enquanto que no Egito o cara é criticado por ser benevolente.

Vale lembrar que o que faz a cultura ser hierárquica, ter alta Distância de Poder, não é o sujeito que está em cima da pirâmide; é o povo que está embaixo... O que o povo quer? O povo no Egito quer um pai severo. O povo no Brasil quer um pai benevolente, mas forte. Querem uma intervenção militar porque é o único jeito de botar...

J: Querem não... Só 1/3 da população. Felizmente não é a população toda, nem metade da população...

F: Sem dúvida... mas 1/3 já é muita gente, isso me assusta, me preocupa. Tanto no Brasil, quanto no Egito, por exemplo, a grande maioria da população não tem educação, é ignorante e vira massa de manobra. Isso de haver 1/3 da população querendo uma intervenção militar faz com que seja relativamente fácil manipular a grande maioria e acabar apoiando uma intervenção. No Egito, era mais ou menos isso: 1/3 queria a continuidade dos militares e os outros 2/3, não. Mas os outros 2/3 estavam fracionados, eles eram, basicamente, a parcela mais ignorante da população... então os militares continuam no poder.

J: Sim, mas onde é que nós vamos parar nos escores com isso?

F: O resumo é que o Brasil é hierárquico, é mais coletivista do que individualista, tem um certo equilíbrio entre desempenho e qualidade de vida, está mais voltado para controlar a incerteza e está mais voltado para a flexibilidade do que para a disciplina. Isso são dados de pesquisa. Agora, o que vamos explorar no livro é o que isso significa na prática.

J: O que nós estamos falando sobre cultura não é simplesmente a nossa opinião baseada na nossa observação; nós partimos do dado de pesquisa e aí agregamos a nossa experiência de trabalhar com isso há mais de 20 anos...

F: Então se traduz o dado de pesquisa na prática, em termos de situações e exemplos. Na verdade, vamos explorar o caminho inverso, partindo de expressões populares e de situações que estão sendo discutidas hoje em dia.

J: E como essas coisas se relacionam com os dados de pesquisa e com os escores.

F: É importante entender o que cada uma das dimensões significa, porque quando usamos simplesmente os nomes das dimensões, isso pode ser, às vezes, enganador. Quando falamos, por exemplo: "Controle da Incerteza," muita gente acha que o Brasil tem pouco Controle da Incerteza..." mas é porque não entendem exatamente o que é que se quer dizer com isso. O que o Hofstede queria dizer com Controle da Incerteza? Da mesma forma, quando se fala da Orientação para Longo Prazo, as pessoas reagem dizendo: "mas no Brasil é todo mundo imediatista, não é?"

J: Aí é uma questão de ter claro o conceito. A Orientação de Longo Prazo está mais ligada à flexibilidade maior, quer dizer: olhar lá no fim o que eu pretendo, o caminho que eu vou seguir para chegar lá. Eu posso dar uma desviada, posso dar um jeitinho para chegar; mas desde que eu chegue lá, onde eu queria. Isso é a OLP, que é alta no Brasil, mais em função disso do que de planejamento, que não é o nosso forte...

F: Vamos passar à discussão das primeiras questões práticas sobre a cultura brasileira, no capítulo seguinte.

4. O brasileiro é individualista ou coletivista?

F: Quando dizemos que a nossa cultura é coletivista, muita gente se surpreende e até contesta. A noção popular é de que o brasileiro médio é individualista, em termos de ser egoísta, só pensar em si, querer levar vantagem...

J: Muitas pessoas dizem: "as pessoas estão muito cada um por si, brigando por qualquer motivo..." Nós também havíamos falado sobre como temos visto brigas agora em relação à política.

As pessoas não só discutem, mas entram numa questão violenta, de se agredirem... Em termos daquilo que elas estão pensando e de não se tolerar mais um ao outro. Eu pensei nisso em termos da questão da votação entre a Dilma e o Aécio, na época, mas isso é um movimento em toda a sociedade brasileira. Algumas pessoas questionam se isso decorre de Individualismo. O que sabemos é que os estudos de pesquisa mostram que a nossa cultura é uma cultura coletivista. Isso se caracteriza pelos conflitos entre grupos.

F: Existe também, ligado a isso, esse questionamento sobre se, afinal, o brasileiro é pacífico ou não? Ou é violento? As pessoas se queixam da violência, do crime e dos assaltos; e dizem que esse negócio de dizer que o brasileiro é mais pacífico, isso é um mito. O que se vê, hoje em dia, é muita violência nas ruas, existem não sei quantos homicídios, assaltos... Mas, aí, entra a questão da comparação. Quando se comparam os crimes que acontecem no Brasil, com os crimes que acontecem, por exemplo, nos Estados Unidos, existe muito mais violência nos Estados Unidos. Existe aquela coisa, por exemplo, que eu vivi enquanto eu estava morando lá, que é o *mugging*: o sujeito te assalta e bate em ti, sem motivo. As pessoas falam "o que houve com você?" Ah, *"I got mugged."* É assim: eu apanhei, eu fui assaltado e apanhei.

J: Na cultura americana, não basta você ser assaltado; ainda tem que levar umas porradas.

F: Além de ser assaltado tem que levar uma surra. O sujeito aponta o revólver pra ti ou te ameaça com uma faca, te tira a carteira, o relógio, os tênis caros, não sei mais o quê e ainda te dá uma surra.

Faz parte da cultura que, quando você assalta, você bate no outro. É a violência gratuita.

J: Só que isso também existe no Brasil, não é?

F: Mas muito menos, existe muito menos.

J: Exato, é o que eu estou falando: é uma questão de proporção. Pode ser também que o que aparece no jornal aparece, justamente, porque é exceção. Quando o crime é muito violento, como os caras que roubaram o carro com uma criança no Rio e saíram arrastando a criança, ou a minha antiga colega que foi assaltada e os caras ainda jogaram ela num canto e deram uns tiros, ela sobreviveu não sabe nem como. Então, também existe isso no Brasil.

F: Sim, mas é menos comum. Nos Estados Unidos o *mugging* não é mais notícia.

J: No Brasil ainda é, porque justamente é a exceção. Nós conhecemos muitas estórias reais em que os assaltantes não foram violentos e até atenderam pedidos dos assaltados. Você até descreveu um desses casos no livro *Personal Security*, editado pela Tanya Spencer.

F: Nos Estados Unidos, o *mugging* virou sinônimo de assalto. Quando alguém diz "o que houve contigo?! Você não diz "eu fui assaltado!" Você diz: "Eu fui *mugged*." Essas ocorrências já viraram até piadas. Assim: você não consegue passear no *Central Park*, em Nova York, de noite porque, só se você quiser ser *mugged*. Não se fala: "você quer ser assaltado," é "você quer ser *mugged*."

Quanto à questão de entender, afinal de contas, se o brasileiro é coletivista ou individualista, o que se confunde é esse comportamento de pensar em si. É o que as pessoas observam e então elas concluem: "o brasileiro é individualista, porque ele está sempre pensando em si, porque ele é egoísta."

J: É isto que dizem.

F: Mas isso está justamente ligado à Distância de Poder e não ao Individualismo como dimensão cultural. Quando você parte do pressuposto de que existe uma hierarquia na sociedade, de que algumas pessoas devem ter mais poder do que outras, ou de que isso é natural, então ocorre o seguinte: numa situação pública, em que não está claro quem é que tem mais poder, cada um procura estabelecer uma posição mais alta nessa hierarquia. Se eu parto do pressuposto que precisa haver uma hierarquia, quando eu encontro uma outra pessoa, a dúvida é: quem é que vale mais nessa hierarquia? Porque se parte do pressuposto de que não existe igualdade, que existe uma hierarquia. O que se precisa definir é: nessa hierarquia, qual é o meu lugar e qual é o seu lugar? E aí vem essa coisa do levar vantagem, do ser violento no sentido de tentar definir quem é que está por cima e quem é que está por baixo. O pressuposto é de que alguém está por cima e alguém está por baixo, ao invés do pressuposto ser: "nós somos iguais;" ou "nós somos equivalentes." Na cultura de alta Distância de Poder, o pressuposto é de que existe uma hierarquia, então nós precisamos definir aqui e agora, quem é que está por cima e quem é que está por baixo nessa hierarquia. E aí vem esse comportamento, que é visto como sendo individualista, que é visto como sendo egoísta. É tentar definir quem tem mais poder, sou eu ou é você?

J: Perfeito, concordo que o aparente Individualismo é, na verdade, uma expressão de egoísmo ligado à Distância de Poder. O argumento para explicar o coletivismo no Brasil é mais ligado a esse aspecto de solidariedade natural, do espontaneamente pegar alguém pelo braço, para ajudar. Mesmo na Copa, por exemplo, quando os estrangeiros vieram para cá, eles saíram falando, em geral, muito bem sobre os brasileiros. Isso é uma coisa que a gente ouve também de qualquer estrangeiro que viveu no Brasil: de como o brasileiro é acolhedor, é um povo que recebe bem as pessoas de fora. Mesmo que exista violência, mesmo que se tenha situações em que haja toda essa disputa do espaço de cada um, em termos hierárquicos, ainda existe essa coisa também de tratar o outro com empatia, de tratar o outro bem, de se colocar no lugar do outro.

F: Sim, é por isso que o brasileiro, na verdade, é coletivista; mas como é que se explica o comportamento egoísta? O comportamento egoísta no Brasil se explica pela hierarquia, pela Distância de Poder. O comportamento solidário se explica porque nossa cultura é coletivista e não individualista, porque o que vale mais são os grupos, certo?

J: OK.

F: Agora, existe uma questão que gera muita confusão: quando dizemos que coletivista é uma sociedade em que as pessoas estão mais preocupadas com a harmonia do grupo e não com a opinião individual (e você deve lealdade ao seu grupo e em troca dessa lealdade, o grupo toma conta de você), o que é importante frisar é que, numa sociedade coletivista, existem vários grupos e esses grupos competem entre si. A característica da sociedade coletivista é que você tem lealdade em relação ao **seu** grupo, àqueles grupos dos quais **você** faz parte. Mas não aos outros e nem tampouco à sociedade como um todo. O Brasil é coletivista porque as pessoas enfatizam os seus grupos e não a sociedade como um todo.

J: Nessa hora você defende os seus; você tem opinião forte, mas é a opinião que é deste grupo, é a sua opinião coletiva em relação ao outro grupo, que foi o que vimos na eleição de 2014.

F: Exatamente!

J: O grupo dos que estavam com o PT contra o grupo dos que estavam com o PSDB. Quando você está fora e vive uma outra realidade, aí é que você vê também a diferença. Nós vemos que em outras sociedades, mais individualistas de acordo com a definição do Hofstede, as pessoas, claro, também têm opiniões, também expressam suas ideias, mas respeitam mais a opinião dos outros. Compare com a Holanda, onde, se você não tiver uma opinião, você tem que ser tratado por falta de assertividade, pois isso é tratado como doença.

F: A grande diferença, na Holanda e em qualquer sociedade individualista, é que a sua opinião não está ligada à opinião do seu grupo.

J: A opinião é realmente sua e não do grupo.

F: É sua, individual. E, muitas vezes, dentro do seu grupo, a pessoa faz questão de ter uma opinião...

J: Diferente.

F: Individual.

J: Diferente de todos.

F: O mais importante é ser diferente como indivíduo. Eu não quero concordar com os meus amigos, eu quero discordar dos meus amigos, para mostrar que eu sou mais importante, como individuo, do que o grupo. O grupo não é tão importante quanto eu, ou qualquer um dos indivíduos que o integram. No Brasil, você discorda um grupo contra o outro, como você disse. Entre partidários da Dilma e partidários do Aécio. Do PSDB e do PT. Assim como, sei lá, gremistas e colorados, torcidas diferentes, mas não existe tanta discussão dentro do próprio grupo. Até tem, às vezes; mas, de novo, muito menos do que numa cultura individualista. Numa cultura individualista, as pessoas querem expressar sempre uma opinião individual e fazem questão de não ser "Maria vai com as outras." No Brasil, nós somos mais "Maria vai com as outras," com a nossa tribo, com o nosso grupo.

J: Agora, além disso, indo mais a fundo, como também já comprovamos com a cultura brasileira, existem diferenças dentro do próprio país.

F: Sim.

J: Certas regiões geográficas são mais coletivistas ou menos coletivistas.

F: Você diz, dentro do Brasil?

J: Dentro do Brasil. Por exemplo: São Paulo é a região economicamente mais desenvolvida do Brasil.

F: E é mais individualista, então?

J: É! E aí, se pode verificar, se voltarmos aos estudos do Hofstede, que o desenvolvimento econômico puxa a tendência para o individualismo.

F: No Brasil, o Nordeste é mais coletivista do que a cultura de São Paulo. É importante frisar, no entanto, que essa diferença não é tão grande quanto se poderia pensar.

J: É, isso também é verdade.

F: Porque as pessoas, às vezes, acham: "O Brasil não tem uma cultura só, são várias culturas." Até por aí... Existem diferenças regionais...

J: Mas existem semelhanças suficientes para o País poder ser visto como um todo.

F: Essas diferenças regionais não são tão grandes. A diferença entre o Rio Grande do Sul e o Ceará é muito menor do que a diferença entre a média do Brasil e a média da Alemanha, por exemplo.

J: Sim. As diferenças regionais brasileiras são estatisticamente significativas o suficiente para se dizer que existe diferença, mas não tão grande como quando se compara com outro país.

F: Então, para concluir essa parte: o Brasil tem realmente uma cultura coletivista e não individualista. Se diz que a cultura brasileira é coletivista porque na nossa cultura os grupos a que cada um pertence são mais importantes do que cada integrante; a opinião do grupo é mais importante do que a opinião de cada um dos seus membros; e manter a harmonia dentro do grupo é mais importante do que expressar opiniões individuais.

J: Por outro lado, o comportamento egoísta que se vê no trânsito, por exemplo, e no querer levar vantagem em tudo, a chamada "Lei de Gérson", na verdade se explica pela hierarquia social, pela Distância de Poder (DIP) e não pela dimensão Individualismo-

Coletivismo. Temos aí, inclusive, um paradoxo: nas sociedades individualistas e de baixa hierarquia, como são mais igualitárias, existe mais respeito entre as pessoas na sociedade em geral, como no Norte da Europa. Isso acontece pela combinação de individualismo com igualitarismo. Já nas sociedades hierárquicas e coletivistas, como é o caso do Brasil, as pessoas respeitam quem está acima de si na hierarquia e respeitam os colegas do mesmo grupo; mas nutrem um certo desprezo, às vezes até muito grande, por quem está abaixo delas na hierarquia e por quem não faz parte do seu grupo.

F: Eu acho uma pena que continuem fazendo propagandas na TV que perpetuam o "levar vantagem"... Como aquela com a Gisele Bündchen falando que "com a Sky você está na frente, sempre!" Isso reforça essa noção de ganhar dos outros, de que existe uma hierarquia, de que você precisa estar por cima, ou na frente; caso contrário você estará por baixo, ou ficará para trás. Isso tudo dificulta a noção de igualdade, de equivalência.

J: Em termos de coletivismo e individualismo, o que me incomoda é a proliferação de propagandas que promovem a exclusividade: as pessoas não percebem que isso é elitista e excludente. Quando eu digo que algo é exclusivo, como se fosse uma coisa boa, não me dou conta que estou excluindo todos os outros, estou alijando todos os demais que não pertencem ao meu seleto grupo de pessoas que pagam uma fortuna para ter aquela bolsinha que ninguém mais pode ter. Só nós, que somos melhores do que os outros, podemos ter essa bolsinha da Cocô... Canali, ou canalha, ou qualquer que seja a marca. Pode até ser bonita e elegante a bolsa; me desagrada é a propaganda baseada na exclusividade, pois essa propaganda propaga a ideia de excluir os outros. Meu problema é a propaganda e não a bolsa em si.

F: Esse é o lado negativo do coletivismo, que sustenta o corporativismo, os conchavos, etc. O lado positivo é o relacionamento, é o ajudar os outros quando você considera que eles são do teu grupo, ou pelo menos não fazem parte de um grupo inimigo.

J: Vem daí aquilo que eu falei antes: o brasileiro ajuda os estrangeiros, sai do seu caminho para ajudar os outros; ajuda até quem não conhece, desde que não considere que o outro faz parte de uma "tribo inimiga". Pode até ajudar um estrangeiro, mas não quem torce pro time adversário.

J: Quando eu falei sobre o coletivismo e sobre o aspecto do brasileiro ser acolhedor e empático, eu quero enfatizar que isso é uma das características mais fortes na maneira como o brasileiro é visto pelos estrangeiros.

F: A empatia?

J: A empatia e essa coisa de ser acolhedor, que as pessoas sentem que estão sendo acolhidas, mesmo que a gente não fale inglês. Mas existe essa boa vontade de ajudar a encontrar uma solução, se o outro está com um problema.

F: Certo, isso é muito do coletivismo. Eu conheço histórias semelhantes de outros países. Nós gostamos de achar que nós brasileiros é que somos assim. Mas eu já ouvi muitas histórias parecidas no México.

J: Com os indianos também. Não é à toa que quando estamos em um grupo que tem, por exemplo, indianos, ingleses e americanos, nós acabamos nos dando melhor com os indianos.

F: É verdade. Existem muitas histórias sobre americanos que se surpreendem com a hospitalidade e com a boa vontade, com a vontade de ajudar, dos mexicanos, dentro e fora dos Estados Unidos. Existem tantos mexicanos dentro dos Estados Unidos e os mexicanos são os que param na estrada para ajudar quem está com problemas no carro. E da mesma forma na Índia. As pessoas que gostam da Índia, relevam todos os problemas que a Índia tem e gostam por causa do povo...

J: O povo faz a diferença.

F: É o acolhimento: o povo é caloroso, os visitantes chegam até a se queixar que o povo é acolhedor demais, as pessoas querem tanto tomar conta de ti como visitante que não desgrudam.

J: É porque para o individualista isso fica demais, não é? Ele fica oprimido, isso invade a privacidade dele.

F: É, ele quer ter preservada a sua autonomia e isso é prejudicado por essas pessoas que querem acolhe-lo e leva-lo acima e abaixo e tal. Mas existe outro aspecto que é: quando os individualistas rejeitam o acolhimento, os coletivistas se sentem ofendidos. Se sentem magoados. Isso acontece muito também no Brasil.

J: Certo. A mesma ofensa que nós sentimos quando se oferece ajuda para a velhinha holandesa, que então acha que a gente está dizendo que ela é incapaz e rejeita a oferta. Nós nos sentimos ofendidos, pois você está oferecendo ajuda e o outro não quer. Pelo amor de Deus, o que é isso?

F: isso é ofensivo.

J: Exato. Então você quer levar a pessoa de carro não sei aonde e a pessoa quer ir de ônibus, quer ir sozinha, quer se virar, quer descobrir por ela mesma.

F: Lembro daquela história da nossa vizinha de prédio em São Paulo, quando o prédio foi assaltado e os caras foram de apartamento em apartamento assaltando gente.

J: Foi um exemplo de valorização do relacionamento, mesmo numa situação de assalto.

F: Ela foi atender a porta achando que eram umas visitas que ela estava esperando para um jantar e o cara botou o revolver na cara dela! E ela, quando contou isso tudo, contou meio brincando... Ela abriu a porta e já foi direto no rosto do outro para beijar, para receber, e ao invés disso deu de cara com o cano do revolver. Ela dizia: "o cara nem me beijou!"

J: (risos)

F: Fica aquela expectativa de que essa demonstração de afeto precisa ser correspondida. Quando ela não é correspondida, as pessoas ficam magoadas.

J: Isso eu saliento, quando preparo estrangeiros para serem expatriados para o Brasil. É isso que eu chamo de "se está cheio de amor para dar." O estrangeiro deve aproveitar esse aspecto da cultura brasileira. Se o brasileiro quer fazer alguma coisa, então aproveite e dê alguma coisa para ele fazer. Dê um desafio, acolha essa vontade que o brasileiro tem.

5. Tudo é urgente e está tudo atrasado

F: Nós sabemos que o senso de urgência está ligado com o Controle da Incerteza, que no Brasil é elevado. Aliás, no Brasil é tudo urgente e está tudo atrasado. Isso acontece também por causa desse equilíbrio que existe entre a orientação para o desempenho e a qualidade de vida

J: Isso se vê muito no final de ano.

F: Por exemplo: está todo mundo correndo para realizar as metas de fim de ano, atingir as metas é prioridade desde novembro. Está todo mundo correndo para terminar o ano e atingir as suas metas e patati, patatá, mas ai vem o feriadão da Consciência Negra, ou o do 15 de novembro...

J: E todo mundo emenda.

F: Todo mundo emenda o feriadão, todo mundo faz questão de tirar quatro dias de folga seguidos.

J: Claro, ninguém vai deixar de aproveitar a sexta-feira se pode fazer um feriadão. Imagine alguém querer folga na quinta e voltar a trabalhar na sexta?

F: As coisas são urgentes, mas ficam para a semana que vem. Porque nessa semana, como há o feriadão, não dá para fazer tudo.

J: Não.

F: A urgência não impede que se goze a vida. A urgência existe, mas até por aí... se for para prejudicar a qualidade de vida, ela não vale. Ela vai só até certo ponto.

F: Esse aspecto do "tudo é urgente e tudo está atrasado" tem a ver com a falta de planejamento também. "É preciso fazer as coisas, tem que ser já." Por que tem que ser já? Porque não foi planejado antes. Então fica uma coisa assim: "preciso atingir as metas de fim de ano, mas eu não vou fazer isso nessa semana porque nessa semana há um feriadão; então isso vai ficar para a semana que vem." Mas não é planejado para a semana que vem; é simplesmente porque a pessoa só vai pensar nisso quando voltar do feriadão.

J: É, fica só adiado.

F: Quando a pessoa volta do feriadão, o assunto é de novo imediato e tem que ser urgente; e está atrasado porque não houve planejamento. A cultura brasileira não gosta de planejamento.

J: Em seguida surgem outras coisas, outras urgências e pulam na frente.

F: Isso tem a ver com a falta de planejamento e também está ligado com a sua linha de busca da certeza. Todo o nosso Controle da Incerteza, no Brasil, está em cima da superstição, ao invés do planejamento. Está ligado com a Orientação de Longo Prazo. Fica uma ideia de que não é preciso planejar, mas tudo vai dar certo. Fica mais na base da fé em Deus e da fé na improvisação. Ou seja: "tudo bem, quando a gente tiver de enfrentar o problema, quando chegar a semana que vem..."

J: "Quando chegar na hora, a gente se vira."

F: A gente se vira e tudo vai dar certo, com fé em Deus e pé na tábua. Vai terminar bem, mas não se planeja, para garantir que termine bem. As pessoas só rezam, batem na madeira, têm fé.

J: E contam com os outros. Contam com o grupo, contam com os amigos...

F: Se precisar, vai ter gente que vai ajudar.

J: Se precisar a gente vira a noite. Tem recursos que são do grupo, você não se sente sozinho. Agora, quando formos falar especificamente do Controle da Incerteza, não é só sobre superstição. Existe ainda a questão de legislação também, muito detalhada, que dá uma segurança grande para tentar controlar a incerteza. Contudo que não se segue a lei, mas pelo menos se sabe que a lei está lá... se for preciso ela pode ser acionada.

F: Vamos voltar a isso quando falarmos da legislação e de cumprir ou não cumprir as leis.

6. Corrupção e legislação

F: Um dos grandes problemas do Brasil, talvez o maior deles, é o da corrupção. Existe em toda a sociedade e em todos os níveis. Todo mundo critica a corrupção, mas ao mesmo tempo a pratica, até sem se dar conta.

J: O curioso é que é comum as pessoas quererem resolver o problema da corrupção pedindo mais legislação; acham que por trás de tudo, inclusive da corrupção, está a impunidade. E acham que para acabar com a impunidade, precisamos de mais leis.

F: Esse é um erro comum das sociedades que têm alto Controle da Incerteza (CDI); e o Brasil é uma dessas culturas, com escore de 76. Nessas culturas existem leis para tudo; mas ninguém cumpre a lei, pois o cumprimento da lei é definido por outra dimensão, a OLP.

J: E cada vez se fazem mais leis, que ninguém cumpre; e as pessoas acham que isso se resolve com mais leis. Querem uma lei que determine que todos devem cumprir as leis existentes...

F: E aí ninguém cumpre essa lei também! Parece piada, mas as pessoas não se dão conta que o problema é outro. Veja que se fez uma lei específica para combater a corrupção nas empresas estatais.

J: Vi uma notícia a respeito.

F: Lei 12.846/2013. O que temos aí? Primeiro, em termos de Controle da Incerteza, sabemos que a legislação é muito prolífica, existem leis para tudo.

J: Sim, e a legislação é muito detalhada.

F: Mas o cumprimento da lei é outra coisa. As leis podem ser abundantes e muito detalhadas, mas ninguém cumpre.

J: Isso apenas fornece a segurança de que existe uma lei.

F: Mas depois ninguém aplica e ninguém cumpre. Nesse caso, se sentiu a necessidade de fazer uma lei específica para isso. O que para mim é totalmente desnecessário, porque corrupção é corrupção, você não precisa de uma lei específica...

J: Para combater a corrupção nas empresas estatais. Você aplica a legislação geral.

F: Só que, como ninguém cumpre a legislação geral....

J: Acham que é necessário haver uma lei adicional.

F: Então se cria uma lei adicional que também não é cumprida. Não adianta nada. Mas em termos de Controle da Incerteza, fica sempre essa ideia de: "precisa ter uma lei para isso, precisa ter uma lei para aquilo, e precisa ter uma lei para aquilo outro". Então vai, lei, lei, lei. Com o escândalo da Petrobrás e a Lava-Jato, alguém publicou que uma coisa que estava faltando era regulamentar essa lei sobre corrupção nas estatais.

J: Puxa vida.

F: Essa lei foi aprovada, foi sancionada em 2013 pela presidente Dilma, no entanto ela não foi regulamentada; enquanto ela não era regulamentada, não podia ser aplicada.

J: Ficou uma boa desculpa para haver a lei e ao mesmo tempo não aplicar a lei. Está sancionado que não se precisa aplicar...

F: Exatamente. Só que daí surgiu uma discussão, primeiro dizendo o seguinte: a Dilma precisa regulamentar logo, se ela não regulamenta a lei, ninguém pode aplicar. Ai alguém diz: não, mas quem regulamenta a lei é o legislativo....

J: O que na verdade está errado. Não é o legislativo.

F: Quem regulamenta a lei é o executivo. A Dilma precisava regulamentar a lei. Só que competia à Dilma regulamentar a lei para aplicação na esfera federal. Os governadores fazem o mesmo na esfera estadual e os prefeitos fazem o mesmo na esfera municipal. Existem várias cidades, inclusive São Paulo, que logo regulamentaram a aplicação da lei nas suas esferas de influência. Acontece que, como por exemplo, a Petrobras, é uma empresa....

J: ...estatal e federal, precisava haver a regulamentação da lei pelo Governo Federal.

F: Mas o que vale para a cidade de São Paulo, é para as empresas municipais. A lei é de agosto de 2013 e só foi regulamentada pela Dilma em março de 2015, quase dois anos depois. E a única coisa que a lei realmente acrescentou, foi que as empresas poderiam ser responsabilizadas como pessoas jurídicas. Antes, apenas as pessoas físicas, diretores e funcionários, podiam ser processados. A nova lei criou o acordo de leniência, que permite a uma empresa fazer delação premiada.

J: Mas com base na legislação geral, sobre corrupção, não era preciso haver uma lei específica para prender ninguém.

F: Enfim, fica sempre essa ideia de que é preciso haver mais leis, mas ninguém quer cumprir as leis. A falta de regulamentação é uma bela desculpa para não cumprir a lei. Existe uma expressão popular brasileira, que fala: "existem várias leis no Brasil que 'não colaram'. É, a gente fez essa lei mas 'não colou'". Não colou porque faltou a regulamentação; porque no fundo, no fundo, havia muita gente que não queria cumprir; então a lei foi promulgada mas depois foi deixada de lado. Porque aí o que falta é justamente a disciplina, é a OLP (Orientação de Longo Prazo). A nossa OLP é muito alta e aí não existe a disciplina de cumprir a lei.

J: A OLP alta indica excesso de flexibilidade e baixa disciplina.

F: Eu digo: não é o comprimento da lei, mas é o cumprimento da lei que é preciso se fazer no Brasil. Não é preciso haver leis mais compridas. Mas há que cumprir aquelas leis que existem.

Meu ponto é que precisamos redirecionar a energia para a coisa certa, que é fazer cumprir as leis existentes. Se continuarmos direcionando a energia só para gerar novas leis que ninguém cumpre, isso não resolve. Estamos enganando a nós mesmos. Quando se faz mais uma lei, que não é aplicada, depois se faz uma outra lei que também não é aplicada, a situação não muda. Se começarmos a focar em cumprir a lei, aí sim pode haver uma mudança.

J: Concordo. Mas é que isso está a serviço de alguma coisa.

F: Claro.

J: Está a serviço, justamente, da necessidade de segurança, do Controle da Incerteza, de saber que você tem a legislação ali, não necessariamente de que isso vai ser usado. A nossa própria Constituição é muito detalhada, muito mais do que em outros países. Tudo isso são tentativas inconscientes de diminuir a incerteza.

F: Está também a serviço do Coletivismo: de que eu só aplico a lei para os meus inimigos, para os meus amigos eu não aplico. E também a serviço da Distância de Poder, porque em última análise, quem está no topo da pirâmide é quem decide.

J: Se a lei vai ser aplicada e para quem.

F: No frigir dos ovos, as dimensões que são mais importantes para definir o caráter brasileiro são a Distância de Poder e o Coletivismo.

J: Eu penso que essas são as mais importantes para definir as características das culturas em geral.

F: Depois entram as outras, mas isso de uma forma mais acessória, digamos assim.

J: São importantes também; mas essas duas (DIP e IDV) são muito fortes.

7. Dando um jeitinho

J: Sobre o jeitinho brasileiro. É interessante, porque quanto mais eu trabalho com culturas diferentes, mais eu identifico que essa questão de "dar um jeitinho" não é uma coisa só brasileira. Existem inclusive nomes específicos para o mesmo fenômeno na Índia, por exemplo, e na China. Outros países coletivistas têm um equivalente também. Isso é um fenômeno bem coletivista e também de países coletivistas pobres, que precisam fazer uma *"enjambração"*, fazer uma gambiarra, para conseguir que as coisas funcionem. É preciso agir assim para dar uma solução um tanto intuitiva; uma solução para um problema, de uma maneira criativa, utilizando aquilo que se tem.

F: É aí que está a questão: o que é "dar um jeitinho?" Nosso jeitinho brasileiro, eu sempre entendi que era, na verdade, conseguir alguma coisa fora da lei, fora do caminho normal, fora da regra. Quando alguém chega numa repartição pública e lhe dizem: "isso aqui vai demorar três meses." Aí você pergunta: "mas não dá pra dar um jeitinho?" Dar um jeitinho é fazer alguma coisa que está fora da regra, ou que está fora da lei, inclusive, e que você consegue por uma questão de amizade.

J: Normalmente se consegue através de relacionamento. Essa é a maneira mais frequente, por isso que se conecta com a questão do Coletivismo, porque o relacionamento conta muito fortemente aí.

F: Mas aos poucos começa a entrar também a corrupção.

J: A linha é tênue, a divisória entre a corrupção e o jeitinho. E, na minha percepção de brasileira, o jeitinho não é sempre corrupto, porque o jeitinho se consegue usando o relacionamento, você não paga dinheiro por isso. Quando envolve pagar, você já está entrando em corrupção. O outro já está fazendo alguma coisa por um interesse próprio.

F: Pode-se discutir se quando você faz isso por relacionamento, você também não está fazendo isso para ter uma vantagem monetária, mas você pode ter uma vantagem indireta posterior, em termos de fortalecer a amizade.

J: Fortalecer a amizade ou até ter uma retribuição do favor. Enfim, isso também pode acontecer.

F: Isso é típico de sociedades coletivistas, eu concordo. Será que então o Brasil foi o primeiro a ter orgulho do jeitinho? Porque eu me lembro, na década de 60, 70, já naquela época as pessoas falavam no jeitinho brasileiro, mas com orgulho.

J: Continua sendo assim. Continua sendo um motivo de orgulho a capacidade de "dar um jeitinho." Mas aí, é o jeitinho pensado em termos de usar a criatividade para solucionar um problema. Isso é uma perspectiva um pouquinho diferente de um problema burocrático que você tinha e o seu amigo foi lá, andou pelo lado, foi fora da lei, mas não feriu a lei. Porque também o jeitinho tem isso. Você não está ferindo a lei, você acha uma brecha na lei. Lembra quando se lançou um produto no Banco Iochpe, graças a uma brecha na lei que permitia criar aquele produto financeiro, a "Conta de Investimento," e depois todos os bancos saíram atrás e lançaram o mesmo produto? Aquilo era diferente, era um jeitinho para contornar a lei. Mas a outra questão é essa: eu tenho problema na minha TV e dou uma *"enjambrada"* com um fio diferente que não era peça original, mas eu *"enjambrei"*. Ou estragou a maçaneta do meu carro e eu boto então uma corrente com um cadeado. Eu colecionei várias fotos desse tipo, para tratar sobre a cultura brasileira, para ensinar para os holandeses. São milhares de soluções improvisadas. Isso é: usando a criatividade para solucionar um problema, dando uma contornada no problema. Disso a gente sente orgulho, porque o brasileiro tem orgulho de se dizer criativo.

F: Aí existem três coisas diferentes, mas que estão todas interligadas. Uma é o jeitinho. O jeitinho é essa forma de conseguir algo através do relacionamento, conseguir algo que burla a lei, mas sem ir contra a lei. No meu tempo de Banco Sulbrasileiro, os advogados falavam, meio que brincando, que era algo que se fazia "ao arrepio da lei." Não chegava a ferir a lei. Mas achavam um caminho que...

J: Deixava a lei... Com um pelinho arrepiado.

F: Isso é uma coisa, isso é o jeitinho. A outra coisa é a criatividade. O brasileiro se acha criativo e tem orgulho dessa criatividade, dessa capacidade de fazer essas gambiarras, solucionar problemas aparentemente insolúveis.

J: Dar o nó em pingo d'água. Isso também está totalmente ligado com o jeitinho brasileiro.

F: - Resolver problemas de uma forma original e inusitada, isso é a criatividade. E uma terceira coisa, que está ligada a isso também, é o improviso. Isso fazia parte do caráter do malandro, o malandro carioca, que era também o malandro brasileiro e fazia parte do caráter nacional do qual o brasileiro tinha orgulho. Ser capaz de dar um jeitinho na repartição pública, de ter soluções criativas, e de improvisar diante de algo imprevisto, algo que não se tinha planejado. Ser capaz de, na hora, criar uma solução, improvisar alguma coisa no momento e conseguir uma solução. Isso tudo eu acho que eram características que se consagraram no imaginário popular, ou talvez não tão popular assim. Eram características que os brasileiros identificavam, que diferenciavam o Brasil, por exemplo, dos Estados Unidos, ou da Alemanha.

Isso ficou evidente quando o Brasil começou a ter, a partir da Segunda Guerra Mundial, mais contato com industriais americanos e alemães que queriam investir no País. Eles vinham com as primeiras fábricas de automóveis e outras indústrias. A característica dos americanos e dos alemães era de planejamento, era de prever, de seguir procedimentos, de estruturar. E os brasileiros tinham uma certa dificuldade com isso, na verdade. Os brasileiros inicialmente tinham um complexo de vira-latas, achavam: "nós somos inferiores, nós somos vira-latas, nós não somos raça pura, nós somos uma mistura e isso é ruim." Mas se descobriu, diante desse complexo de inferioridade, que nós temos algumas coisas na nossa "vira-latice" que são positivas. Nós temos essa capacidade de dar um jeitinho, de encontrar um caminho.

J: Quando os outros ainda não conseguem. Isso inclusive tem se tornado cada vez mais um motivo de orgulho, um ponto forte da nossa cultura, quanto mais o mundo globalizado acontece. As pessoas estão se misturando mais e comparando o que cada nacionalidade tem como característica. Nós vimos isso, por exemplo, com as nossas filhas indo para a escola internacional, e os amigos delas que visitavam nossa casa. Os amigos não têm mais apenas uma nacionalidade, eles têm várias. Dizer a nacionalidade deles requer uma explicação: o pai é irlandês, a mãe é francesa, mas ele nasceu na Argentina, se criou no Peru. "A minha nacionalidade, não sei bem qual é." Isso vai se tornando mais interessante...

F: Está cada vez mais misturado.

J: Aí o brasileiro aos poucos tem mais orgulho de saber disso. Já para começo de conversa nós temos a mistura do índio, do português e do negro; o Brasil já começou com uma mistura, que no passado era motivo de vergonha. Até determinado momento da nossa história, havia o interesse em purificar a raça, torna-la mais branca, mais ariana. Hoje em dia é o contrário. Se vê que isso realmente favorece, porque fornece diferentes perspectivas, para começo de conversa.

F: Eu acredito nisso, você acredita nisso; mas muita gente ainda está atrasada nesse bonde da História, em termos de ainda ter o complexo de inferioridade. Eu vejo, além disso, um lado negro do complexo de vira-lata, que é usar a "vira-latice" para então justificar ser ruim em planejamento, ser ruim em disciplina, ser ruim em questões éticas. Também não é por aí.

J: Daí vira desculpa para não precisar planejar.

F: Não é preciso planejar, não é preciso seguir a lei, não é preciso ter disciplina.

J: Já é o lado exacerbado, que é a mesma coisa em relação ao jeitinho brasileiro. Quando se diz "dar um jeitinho" e se tenta dar uma solução por fora da lei, ou até envolver o pagamento de suborno. Para mim, quando envolve pagamento, não é mais jeitinho, isso já é corrupção. Isso eu consigo ver como claro. Mas a linha fica tênue quando é, como você mesmo disse, feito algo na base do relacionamento. Também poderia ser dito que esse jeitinho usado na base do relacionamento pode ser algum tipo de corrupção. Daí é difícil de estabelecer uma distinção. Talvez a linha divisória seja: você está, de alguma forma, prejudicando outras pessoas, ou não? Não sei, aí fica realmente uma linha tênue para definir onde é que se torna corrupção. Mas, ao meu ver, quando envolve dinheiro, se está pagando alguém, ou está dando um carro de presente, o presente é meio grande. Algumas coisas são fáceis de definir: dar para o cliente um carro, já está na corrupção. Com licença. Agora, se você dá para o cliente uma bela cesta de alguma coisa, eu não sei. Aí já fica mais difícil, a linha já fica muito mais tênue.

F: Um sítio, um apartamento tríplex... (risos)

J: Aí já vai ficando difícil de dizer, já é complicado.

F: Onde a distinção fica tênue é quando eu vou e quero, sei lá, minha carteira de motorista e o sujeito diz: "Olha, isso vai levar uma semana..." Mas eu vou viajar amanhã e preciso da carteira amanhã; então eu vou com meu primo, que é ex-colega do funcionário do Detran; para ver se ele consegue me dar a carteira antes. E isso não envolve dinheiro, e isso não prejudica outros; eu aí aceito o jeitinho. Onde é difícil de definir é você dizer assim: ao passar o seu caso na frente...

J: Você está de uma certa forma prejudicando o outro que estava na fila. Então realmente é mais difícil de estabelecer se é corrupção.

F: Até que ponto esse favorecimento a um desfavorece os outros? Começa a ficar difícil. Uma coisa é ter uma lei, uma regra rígida e que é burocrática, e que as pessoas seguem cegamente. Por exemplo: eu só posso te dar a carteira na semana que vem porque a gente só entrega as carteiras nas segundas. E você chegou aqui na terça-feira. Sim, mas por que só às segundas? E de repente não existe uma razão lógica, sólida. Essa regra foi feita por conveniência de um funcionário que nem está mais lá, já se aposentou.

J: Sim. Aí o teu primo te passa na frente nesse sentido, ele te dá a carteira no dia em que você chegou. Aí....talvez seja aceitável.

F: Nesse exemplo você não está ferindo ninguém. Mas é preciso sempre se examinar com muito cuidado: até que ponto essa transgressão à norma é uma transgressão inteligente e que não é antiética, porque não fere outros; ou até que ponto não. Essa transgressão inteligente, digamos assim, nós vemos inclusive na Holanda, que não é coletivista, mas é feminina em termos da cultura.

Nós vemos que, no caso da Holanda, as pessoas justificam as exceções com base na inteligência, em termos de dizer assim: "espera aí, esse caso aqui é um caso específico que deveria ser previsto na norma...."

J: Como uma exceção que dá para se fazer.

F: A norma, no entanto, é omissa. A norma não diz se é permitido fazer essa exceção. Mas eu, como eu sou uma pessoa inteligente, eu decido fazer essa exceção.

J: Aliás, no caso dos holandeses, eles têm isso de dizer: "esta lei é uma lei burra." Eles não têm o menor problema de encarar isso dessa forma. "Essa lei é burra. Olha, que coisa boba, por que eu não posso entregar hoje, se o sujeito está aqui? Então, se eu tenho a autonomia..." E, na cultura holandesa, as pessoas têm essa autonomia, dentro do seu nível decisório. O funcionário decide e entrega.

F: Isso jamais acontece na Alemanha. Essa comparação deve ser feita para diferenciar; porque na Alemanha a disciplina é um valor maior e se considera que obedecer a norma é o mais importante...

J: É realmente importante.

F: Mais importante do que fazer qualquer exceção. E se a norma é burra, então é preciso....

J: Modificar a norma. Mas não se muda o tratamento do caso antes de mudar a norma.

F: Muda a norma, mas não se faz exceção. Não se dá jeitinho.

J: Não se flexibiliza. Por isso até existe uma tendência dos alemães de ver os holandeses como flexíveis demais.

F: Se eles veem os holandeses como flexíveis demais, como é que eles veem os brasileiros? Porque o brasileiro não chega nem a chamar a lei de burra, ele simplesmente diz assim: "a lei é até válida, mas ela não vale pra mim."

J: "e não agora."

F: "E não pro meu amigo." "Com base no nosso relacionamento você pode fazer uma exceção. Não porque a lei é burra, mas porque nós temos uma grande amizade!" Ou porque você é meu parente.

J: Pegando o exemplo da carteira de motorista, eu tenho meu exemplo pessoal, onde entrou já o lado da corrupção. Quando eu fui fazer o meu exame de motorista, em Porto Alegre, o nosso instrutor voltou depois de falar com o responsável lá, e disse que se cada um de nós pagasse X, todo mundo estava garantido de passar. Eu achei aquilo o fim da picada. E falei: "eu não faço isso. Eu faço meu exame, tenho que estar habilitada a dirigir, senão é um perigo sair por aí brincando, porque é dose. Então não quero que me passem se eu não estiver bem!" Mas aí eu fui a única que não passou... Na primeira vez. Na segunda vez, eu passei. Também não paguei e passei. Mas fiquei sempre com a dúvida: não passei porque eu errei alguma coisa? E se eu errei, eu sei exatamente o que era, que era estacionar, que eu não conseguia fazer direito. Não deu para fazer da primeira vez, tive que fazer duas vezes para estacionar. E podia ser aquilo ali, ou realmente o cara também implicou comigo porque eu fui a única que não quis pagar. Nunca vou saber. Mas aí já é a questão da corrupção.

8. Para acabar com a impunidade

J: A impunidade é um dos grandes problemas, ao meu ver, que reforça a corrupção. As pessoas veem que quem é corrupto não está sendo punido, está sendo mantido no posto, no trabalho que está fazendo, enfim. E isso traz muita revolta.

F: Essa é a impunidade em relação a quem é corrupto e não é punido, quem está numa posição elevada, os crimes do colarinho branco, que envolvem um alto executivo ou um político. Mas também se fala muito na impunidade dos criminosos comuns. Se fala nos pivetes, os menores de idade que não são punidos. Vem daí o movimento para reduzir a maioridade penal: para punir os criminosos menores de idade.

J: Não é no que a gente acredita, não é?

F: Não, eu estou descrevendo aquilo que se diz a respeito de impunidade no Brasil. Se diz que os poderosos não são punidos, e que os pivetes também não. Então parece que ninguém é punido por nada. Não só a coisa de corrupção, mas também o criminoso comum, se diz que não é punido. Que o problema do Brasil é a impunidade generalizada. Em termos dos valores, eu queria esmiuçar o que é que provoca essa impunidade. Em termos dos criminosos do colarinho branco, dos poderosos, é a alta Distância de Poder. Quem é poderoso não é tocado pela lei, está acima da lei.

J: Existe uma tolerância da sociedade para com isso. Com o fato de que quem tem mais poder, pode ser tolerado nos seus crimes. Aliás, não existe justamente uma salvaguarda para quem é político, que não pode ser julgado por crimes comuns? O foro privilegiado?

F: Sim, existe a imunidade parlamentar, que dá direito aos deputados de serem julgados pela própria Câmara. Ou então pelo Supremo Tribunal Federal, que é o foro privilegiado. Eles não podem ser processados na justiça comum. Foi o caso do Lula que, se fosse designado ministro, teria foro privilegiado, o Supremo Tribunal Federal. E os deputados, eles precisam ser julgados, processados pela própria Câmara de Deputados, não pela justiça comum. Eles primeiro precisam ser cassados, para daí perderem com isso a imunidade parlamentar. E isso faz sentido, isso é um princípio, na verdade, universal. Em todos os países do mundo, existe aqui na Holanda também. A ideia do foro privilegiado é para evitar que um inimigo político acuse alguém falsamente, por razões políticas. Isso atrapalha a vida do parlamentar, que na verdade não cometeu nenhum crime, mas precisa se defender porque um desafeto político entrou com um processo. Esse é o mecanismo básico.

J: Sim, o princípio está ok, só que na prática, como existe um corporativismo muito grande no Brasil, as pessoas se protegem e mesmo que o crime seja um crime mais sério, acaba sendo passado por cima, porque um protege o outro. Então esse é um outro aspecto sério que acaba desvirtuando um bom princípio.

F: Uma coisa que provoca a impunidade é a Distância de Poder, que protege os poderosos e acaba prejudicando quem não tem poder. Existem estatísticas mostrando que, na verdade, no Brasil se prende até demais; mas o fato é que se prendem as pessoas erradas e se prende quem é pobre e negro. Essas pessoas têm muito mais chances de serem presos do que quem é rico e branco. Mas a outra coisa, que você acabou de mencionar, é o corporativismo. Este é alimentado pelo Coletivismo, é aquela coisa do: "Para os meus amigos tudo, e para os meus inimigos..."

J: "Para os meus inimigos, os rigores da lei."

F: Então a lei só se aplica a quem não é meu amigo. Esses são punidos. Nesse caso, basta você ter um amigo poderoso e você não é punido. Tanto em termos dos crimes de colarinho branco, como também em termos dos crimes comuns. Um pivete é preso, mas se ele tiver um padrinho poderoso, alguém influente na polícia, ele acaba sendo solto. Ou se houver a corrupção de algum juiz ou promotor, acabam também soltando os criminosos. Essas coisas alimentam essa sensação de impunidade.

Eu acho que existe uma outra coisa ainda que alimenta a impunidade. Vimos duas coisas: Distância de Poder e Coletivismo; uma terceira coisa que alimenta a impunidade é a Orientação de Longo Prazo, OLP. Ela implica em flexibilidade, e isso tem um lado bom e um lado ruim. O lado ruim dessa flexibilidade é justamente que a lei não é aplicada igualmente para todos. Tudo depende...

J: É, e os fins justificam os meios.

F: Então, se o Sérgio Moro violou a lei, ou violou a ética divulgando o grampo da conversa do Lula com a Dilma, grande parte da população acha que...

J: Não é um problema.

F: Não é um problema porque os fins justificam os meios. "Ele fez isso, mas era porque a Dilma e o Lula estavam fazendo conchavo, então por causa desse fim, que era divulgar essa falcatrua, ele está justificado em violar a lei". Imagina uma coisa dessas acontecendo na Europa ou nos Estados Unidos: não seria aceito de jeito nenhum. Porque a violação da privacidade é considerada um crime mais sério do que até aquilo que está sendo falado na conversa telefônica.

J: Contudo que a gente sabe que os grampos nos Estados Unidos têm uma longa história.

F: Sim, eles existem, sem dúvida. Mas existe até um clamor popular contra os grampos, porque se considera que os fins não justificam os meios, e que a privacidade é sagrada, não pode ser violada em hipótese nenhuma. A questão é que essa flexibilidade e relativismo, no Brasil, faz com que, ao invés de aplicar-se a lei de uma forma normativa e cega, pois "a justiça é cega", não se faz isso. Se olha sempre de maneira casuística. "Bom, qual é a situação? Quem está envolvido? Se é meu amigo, não se aplica a lei. Se é meu inimigo, se aplica a lei. Se é uma pessoa muito poderosa, não aplica a lei. Se é uma pessoa que não tem poder, aplica a lei". Esse relativismo da situação faz com que se aplique a lei quando convém. Ou então, se não convém, não se aplica. Isso também ajuda a explicar muito toda a discussão em termos da interpretação das leis. Por exemplo, com relação ao impeachment da Dilma, você tinha um número de juristas defendendo que ela podia ser *impeached*, e um igual número de juristas dizendo que não. Os argumentos de parte a parte tinham igual peso.

J: E um número dizendo que não.

F: O que se vê é o seguinte: é difícil ver alguém que seja realmente isento. Os argumentos de quem era a favor do impeachment eram de juristas renomados, mas claramente vinculados a políticos que tinham interesse nisso.

J: Ciosos à política, é.

F: E os que defendiam o não impeachment, a mesma coisa. Eram juristas renomados, mas claramente vinculados ao PT, ou aos partidos do governo. Não existe uma isenção e não vigora esse princípio da lei valer para todos. Fica assim: "bom, depende, quem é que está envolvido nessa historia?" Eu acho que isso tudo contribui para a impunidade. Em termos de Controle da Incerteza e Orientação para Desempenho, acho que não influem; ou se influem, é menos.

J: Na verdade o Controle da Incerteza tem influência em termos de que no Brasil existe um grande número de leis. Temos uma legislação extensa. Só que, o quanto ela é aplicada é que é o "x" da questão. Não é aplicada ou é aplicada, como você disse, de acordo com a conveniência de quem está aplicando a lei.

F: O Controle da Incerteza afeta a situação em termos de achar que "bom, se as pessoas não estão sendo punidas, nós precisamos de mais leis".

J: Isso é um aspecto. Um outro aspecto que interfere é do tipo "eu tenho a segurança de que eu tenho um bom padrinho, então eu estou segura no que eu vou fazer. Mesmo que isso esteja fora da lei". Isso dá uma segurança para essa pessoa, de que ela não será punida. Algumas coisas de criminalidade são, no Brasil, assustadoramente grandes...

F: São acintosas.

J: E as pessoas se sentem seguras, eu não sei como pensavam que nunca iriam ser pegas...

F: Têm a maior cara de pau...

J: Conseguem dizer: "não, isso não tem nada a ver comigo." Mentem descaradamente. Isso tem a ver com aquilo que a gente chama também de "ter as costas quentes." De ter alguém que te dá o calorzinho nas costas, te segura ali, não te deixa cair.

E como fazer para acabar com a impunidade? Assim como a corrupção, não sou ingênua de achar que ela termina, mas eu acho que tem boa chance de melhorar, se as instituições são mais reforçadas. Acho que a sociedade civil tem que se manifestar mais. Eu vejo todos os protestos do Brasil como válidos, desde aqueles mais fortes que começaram com a história do passe livre.

F: Em junho de 2013.

J: Enfim, claro que antes disso sempre se teve protestos. Mas eu acho que nos últimos anos tem havido uma consciência maior da sociedade civil, e para mim isso é uma amostra disso, de que as pessoas estão mais engajadas, bem ou mal. Talvez nem sempre entendendo o que estão fazendo, mas estão participando mais e eu acho que isso ajuda a combater a corrupção. É impossível combater a corrupção e a impunidade só com a ação do Estado, isso nem cabe; a sociedade civil tem que estar à frente disso, porque daí se tem, realmente, o controle disseminado.

F: É que as leis precisam espelhar a vontade do povo.

J: Mas aí também é necessário que as pessoas considerem que a sua própria atitude influi nisso. "Bom, se eu aqui passar a perna em alguém numa coisinha pequeninha, isso não é importante." Não, isso é importante sim, porque é a atitude de cada um que conta. Agora, recentemente, nós vimos aquele exemplo numa universidade mineira em que um professor instalou um stand com sorvete dentro da universidade e as pessoas tiram o sorvete que quiserem e deixam o dinheiro numa caixinha. Ninguém controla aquilo ali, só depois se avalia ao final do mês, quantos sorvetes saíram e quantas pessoas deixaram de pagar. Em média por mês, havia cinco ou seis alunos que deixavam de pagar.

Qual é o meu ponto aqui? É que o próprio professor que trouxe esse projeto estava dizendo assim: "é o princípio que é o mais importante. Não é porque você está deixando de pagar só dois reais por um sorvete, é porque você está tendo a atitude de não pagar" e é contra isso que a gente precisa educar. Uma das grandes maneiras de combater a impunidade é educar, e que a sociedade civil tenha mais controle. Então a própria sociedade civil precisa se educar, que é para também não fazer os seus pequenos crimes. Nossas pequenas escapadas, que não se consideram corrupção, mas que na verdade são, em muito pequena escala. Quando você faz alguma coisa pequena continua sendo corrupção.

F: Sim, isso é uma transgressão. Isso tem a ver com a Distância de Poder e com a Orientação de Longo Prazo. A Distância de Poder é porque quando a comunidade tem uma alta Distância de Poder, a tendência é que o controle das leis e das transgressões seja visto como estando fora da pessoa.

J: E, igualmente, vem de cima para baixo.

F: É assim: "eu não passo no sinal vermelho se houver um guarda na esquina, porque o guarda é a autoridade que pode me multar, que pode me punir. Se não houver o guarda na esquina, talvez eu passe no sinal vermelho, porque eu não estou preocupado com o sinal em si, eu estou preocupado é se tem guarda ou se não tem guarda".

J: Tipo, se vou ser punido ou se não vou ser.

F: Quem determina isso é uma outra pessoa, com mais poder e não eu. O que a gente vê nas sociedades de baixa Distância de Poder é que as pessoas têm autodisciplina, elas se controlam, independente de haver um guarda ou não. As pessoas não atravessam a rua com sinal vermelho, ou não dobram à esquerda se é proibido dobrar à esquerda. O controle está dentro da pessoa. E isso vem, sem dúvida, da educação. Como você disse, isso a gente só consegue com campanhas de educação, não só na escola, mas campanhas de educação de adultos. É preciso que haja uma campanha publicitária de não fazer transgressões, de não corromper, de não...

J: De mudar os princípios de como se ensinam as crianças nas escolas, também. Você ensina as crianças que vão ser pais e mães no futuro, mas existe também aqui um outro aspecto junto com a Distância de Poder. Cerca de 80% das sociedades no mundo têm uma grande Distância de Poder e são Coletivistas; e nas sociedades que são mais Individualistas também existe uma tendência maior de assumir a responsabilidade como sua. A pessoa cresce como independente sempre, desde criança é tratada de uma forma mais autônoma, como: "vai para a rua, vai te virar." O adolescente, mal cresceu um pouquinho, já vai morar sozinho, vai cuidar da sua vida, vai ter o seu trabalho. Com isso, aprende a ser independente e cuidar de si mesmo e ter responsabilidade por aquilo que faz. Isso é uma coisa muito internalizada de que, se eu passar do sinal vermelho, essa responsabilidade é minha e eu posso causar um acidente, ou depois eu vou ser responsabilizado por isso. Então existe um "segurar" mais.

F: É, existe um respeito maior pelo outro e um respeito maior pela norma. Isso está associado de novo à OLP; quem é menos flexível, quem é mais normativo, olha para o sinal vermelho. Mesmo vendo que não vem ninguém, não passa no sinal vermelho. Mesmo que na situação não haja guarda na esquina, não haja trânsito, mas eu não vou passar no sinal vermelho porque a norma é "eu devo esperar." Então eu me controlo e respeito essa norma. No Brasil nós temos um excesso de leis e aquela noção de que existem certas leis que não "colaram," que não valem. Então não são todas as leis que valem. A noção é de que "existem umas leis que valem e outras que não valem". É esse relativismo de achar "essa lei aí não é válida, não colou, então eu não obedeço."

O que precisamos é educar para haver menos Distância de Poder, mais responsabilidade individual e mais respeito às normas, independente da situação. Considerar que o respeito de uma norma em si é um valor importante. No Brasil, hoje, se você respeita uma norma que é burra, então você é considerado burro também. Se você for esperto, você não respeita as normas, só respeita aquelas que efetivamente vão te causar um prejuízo imediato se forem desrespeitadas. É como aquelas pessoas que dizem: "nós precisamos respeitar as leis na nossa empresa, para cuidar da nossa reputação." E eu sempre lutei contra isso. Eu digo: "não, o problema não é a reputação, o problema é o respeito à lei em si, como um valor! Nada de: eu vou respeitar porque se eu for pego eu vou ficar mal... Não, eu vou respeitar porque a lei deve ser respeitada, é um valor intrínseco." Nada de: "se não me pegarem, tudo bem". Não, não é por aí. Mas, para acabar com isso, precisa haver educação de base e educação popular de adultos.

A educação de adultos é importante, porque as pessoas muitas vezes rejeitam quando se fala em educação das crianças. Elas dizem que "isso aí vai levar uma geração, assim só vamos resolver isso daqui a vinte e cinco anos".

J: É preciso investir nisso também. É preciso investir justamente no longo prazo. Investir numa cultura menos hierárquica, adotar alguns aspectos da cultura individualista que são importantes. Nada disso significa que essas culturas são melhores, que uma é melhor ou pior do que a outra. Existem aspectos de uma e de outra cultura que podem ser realmente importantes em determinados momentos. Assim como, por exemplo, nós estamos vendo na Holanda, numa cultura individualista, que ter uma vida mais independente, mais sozinha, é muitas vezes doloroso. Nós vemos como as pessoas envelhecem sozinhas, como a família se envolve pouco. Existem outros aspectos, depois vamos discutir, mas significa sempre que há aspectos que podem servir para uma pessoa ou não, existem coisas que podem servir ou não servir bem a ela.

F: Eu acho que não é o caso de querer que o Brasil se transforme na Dinamarca, porque a Dinamarca também tem lá os seus problemas. É preciso ver que existem alguns aspectos da cultura brasileira que podiam melhorar e é possível melhorar. Se vê que esses aspectos são melhores em outras culturas, mas não é transformar a cultura brasileira numa cultura completamente diferente, porque a Dinamarca tem outros problemas.

J: Certo, e nem se deve transformar a Dinamarca num Brasil. O Brasil também tem coisas a ensinar para a Dinamarca e vice-versa.

F: Exatamente.

9. Primeiro, relacionamento

F: Eu sei que quando você faz as preparações dos executivos estrangeiros que vão para o Brasil, você sempre coloca o relacionamento em primeiro lugar. É o que eles precisam aprender, de mais importante.

J: Sim, porque o relacionamento vem, para o brasileiro, em primeiro lugar, antes da tarefa. Não quer dizer que a tarefa não seja importante, mas manter o relacionamento, é mais...

F: É uma condição?

J: É uma condição para fazer bem a tarefa, qualquer que seja a tarefa. O relacionamento tem uma outra coisa importante. Quando os estrangeiros aprendem sobre a cultura brasileira, ou sobre culturas coletivistas, ficam com a ideia de que: "Está bem, eu tenho que primeiro ter uma conversinha qualquer." E essa conversinha pode ser, no caso do Brasil, sobre futebol, não sei o quê... É só um assuntozinho, assim, uma... O *small talk*", que o americano fala. Uma conversinha para esquentar, uma conversa fiada, para aquecer o relacionamento. E não é isso. Você focar primeiro no relacionamento significa desenvolver confiança.

Então, o que eu mais marco, é: "Você precisa desenvolver confiança, e para isso você precisa conhecer a outra pessoa e deixar a outra pessoa conhecer você." A questão não é apenas: "nós vamos sair para jantar, porque isso é legal." Não, é porque antes de ter uma reunião de negócios, se você tem, na noite anterior, um jantar com a pessoa com quem vai fazer algum tipo de negociação, vocês têm uma oportunidade informal de se conhecerem mutuamente e identificar se estão confiando um no outro, ou não.

F: Certo. Conhecer os valores, isso tem outro nível de profundidade.

J: Saber com quem você está falando realmente, conhecer a pessoa, se você acha que a palavra do outro está valendo, ou não está valendo. Porque o contrato, aquilo que você vai assinar, vem muito depois, muito depois do relacionamento se desenvolver. Dificilmente se vai direto para a conversa da negociação, no Brasil. Primeiro é preciso se conhecer, primeiro é preciso confiar um no outro; e aí se chega no que nós vamos fazer juntos, o que você quer vender, se eu quero comprar. Só depois se vai, lá no final, para aquele momento em que se diz: "está combinado, é isso mesmo, então agora podemos escrever o contrato."

O primeiro conselho para quem vai fazer negócios no Brasil é desenvolver um relacionamento. Não dá para fazer uma visita de negociação em que você só tem uma reunião atrás da outra, não tem um tempinho para tomar um café junto, ou não chegar um pouco antes da reunião, para se conhecer, ou não ter aquele tempo extra se o outro te convida para o jantar...

Todas essas oportunidades informais, se você não deixa tempo, você está perdendo oportunidades.

F: Na Holanda existe uma coisa parecida, que é o fato de que, quando as reuniões são marcadas, por exemplo, para as duas da tarde, na verdade significa "às duas da tarde..."

J: Começa.

F: Começa um café.

(risos)

F: É, primeiro, todo mundo pega o café, e começa a conversar, em torno da máquina de café, ou enquanto toma o café... E depois que todo mundo tomou o café, conversou um pouco, aí começa a reunião. A diferença é que, no Brasil, não tem esse ritual do café antes de começar a reunião, às vezes o cafezinho é servido durante a reunião...

J: Ou em um intervalinho...

F: No Brasil, se estabelece o relacionamento até muito antes da reunião, com outros contatos, ou com um jantar na véspera, por exemplo. Coisa que na Holanda é mais raro... Você levar alguém de negócios para jantar, ou, para um bar, ou alguma coisa assim. Até acontece, mas não tanto, quanto no Brasil. E no Brasil, é preciso mais do que aquele cafezinho de quinze minutos, não? É preciso haver uma conversa realmente mais extensa, ou várias conversas.

J: E outras oportunidades para se encontrar. Em diferentes ambientes. Para se conhecer um ao outro, realmente.

10. Quem não se comunica, se trumbica

J: Essa é uma célebre frase do Chacrinha. Para quem não conhece, ele era um grande comunicador. Tinha um programa de TV de auditório, em que ele trazia artistas convidados e havia uma parte de calouros. Ele tinha uma buzina, que ficou famosa. Se o calouro desafinasse ao cantar, ele tocava a buzina e mandava a pessoa embora.

F: Ele fazia um gênero palhaço. A crítica mais intelectualizada criticava o estilo do Chacrinha e dizia: "mas como ele pode fazer esse programa que parece um circo?" Ele dizia que aquilo era comunicação e que ele estava justamente se comunicando com a plateia; e usando o estilo de comunicação que a plateia queria e que também utilizava. Ele mostrou que ele não era um palhaço ignorante, mas que ele era alguém que sabia o que estava fazendo; e estava deliberadamente fazendo o papel de palhaço porque aquilo era o estilo de comunicação adequado para aquele público; e dizia que quem não se comunica se trumbica. O que ele queria dizer com isso era que aqueles intelectuais que ficavam falando de comunicação, estavam se comunicando só com uma elite intelectualizada que representava menos de 1% da população brasileira e menos de 1% dos telespectadores. Ele estava usando um estilo que se comunicava com o povo, falava com o povo, era entendido e havia um verdadeiro diálogo com a plateia popular que assistia aos programas dele.

J: Se poderia questionar se ele não estava justamente subestimando a capacidade daquele público, não é? Está bem que você não precisa ter um diálogo com sofisticação ou com uma linguagem que não é própria para alcançar o público com quem você está falando, mas será que você precisa atuar como um palhaço para poder ser aceito? Não sei. Mas para mim a questão principal do que ele dizia, é que não interessa a forma: é importante se comunicar. Eu acho que isso tem muito a ver com a cultura brasileira. Nós usamos a comunicação para desenvolver relacionamentos. Tudo começa pelo relacionamento, começa por estabelecer algum tipo de confiança, para desenvolver no longo prazo o contato com pessoas que podem te ajudar em termos daquilo que você faz, em termos da sua vida.

Mas se formos falar em estilo, o brasileiro é o estilo que conta o contexto primeiro. Como é isso? Uma característica é que temos facilidade de relacionamento, quer dizer: o brasileiro está na fila e já começa a conversar. É impressionante como você começa a conhecer a vida inteira de uma pessoa, com quem você nunca cruzou antes, mas que simplesmente estava na fila. Se aproveita a oportunidade e a pessoa começa a contar toda a sua vida para ti. Isso jamais acontece aqui na Holanda... A privacidade aqui é muito maior, com a vida pessoal de cada um.

F: Se brinca dizendo que "brasileiro gosta de fila," criticando o fato de que as pessoas precisam entrar numa longa fila para serem atendidas; mas na verdade o brasileiro gosta de fila porque é uma oportunidade de conversar.

J: É uma oportunidade social. Voltando ao estilo: uma diferença crucial de comunicação, comparando com outros países, é que no Brasil a pessoa começa primeiro contando todo o contexto. Existe um ponto em que a pessoa quer chegar, mas ele é revelado mais adiante na conversa. Por exemplo: eu quero pedir que me ajudem com meu telefone, mas antes, eu conto toda a história de como é que o meu telefone ficou no estado em que está. Eu conto toda a história anterior para chegar no ponto. E aqui na Holanda, isso deixa os holandeses furiosos, eles ficam impacientes. Você deve primeiro dizer o que quer e depois dizer o como, ou descrever alguma coisa de contexto. Mesmo assim, não precisa dizer muito, é só responder as perguntas que virão depois.

F: As pessoas são mais objetivas e mais diretas. Eu fiz *coaching* de executivos brasileiros que se reportavam aos ingleses, e os ingleses se queixavam, dizendo o seguinte: "esse brasileiro, ele precisa ser mais objetivo." É ir direto ao ponto... Em vez de ficar enrolando, falando, falando. Só me diz o seguinte: "por que que não atingiu a meta?", " Foi tal coisa.", "ok, não precisa explicar tudo." E o brasileiro explica tudo, para no final da explicação dizer que não atingiu a meta; ele começa com a explicação.

J: Aqui na Holanda é o contrario. Se diz o quê, e eu aprendi isso com muita dificuldade e com as pessoas ficando irritadas. Hoje em dia, quando eu pego um telefone para pedir um serviço, a primeira coisa que vem na minha cabeça é "o quê? O que é que eu estou querendo? Eu estou querendo tal coisa, por favor." É isso que eu preciso dizer primeiro e aí depois a outra pessoa já vai fazer perguntas e eu vou complementar.

F: Sim, você vai explicar o porquê você está querendo tal coisa, como chegou naquela situação.

J: Às vezes não vai nem precisar explicar. Mas isso é uma coisa bem interessante da maneira de se comunicar. E isso tem implicações também. Por exemplo: aqui na Europa as coisas são muito objetivas, não só aqui na Holanda, mas digamos em vários países, Inglaterra, Alemanha... As pessoas gostam de uma objetividade, inclusive quando você escreve, e muita coisa pode se resolver pela escrita. Aqui o e-mail funciona muito bem.

F: Sim, mas não no Brasil.

J: Não no Brasil, porque as pessoas precisam de um contato um pouco maior, mais pessoal. Você manda um e-mail e esse e-mail não tem resposta... por uma semana ou duas! Está na hora de pegar o telefone. Aqui na Holanda, se você mandar um e-mail a resposta vem por e-mail. Não é que um seja melhor do que o outro, é simplesmente uma maneira realmente diferente de funcionar. Existe uma certa hierarquia de como isso funciona. No Brasil, o que a gente gosta mais, é o face a face, é o estar com a pessoa. O segundo, melhor que o telefone, é um Skype ou...

F: Um vídeo-call.

J: Um *Facetime*, qualquer coisa em que você pode ver a outra pessoa. Isso já é um pouco melhor do que usar o telefone, e aí vem o telefone e depois, lá em baixo, é que vem o e-mail, porque o e-mail é uma coisa mais fria. Entretanto, mesmo no e-mail, você começa contando mais contexto, antes de chegar no ponto.

F: O e-mail não te dá o não verbal. Não te dá a emoção, o tom de voz, a expressão facial, tudo isso não está no e-mail. Nós sabemos de muitos exemplos em que o brasileiro, quando lê o e-mail, ele enxerga a expressão facial e o tom de voz até onde não existe isso... Ele imagina a emoção do outro e muitas vezes se engana. O inglês está sendo objetivo e está simplesmente dizendo o que é preciso fazer para conseguir que a meta seja atingida; o brasileiro olha para aquilo e diz assim: "por que o cara está bravo comigo?"

J: E o cara não está bravo, o cara está simplesmente sendo objetivo.

F: Você imagina a emoção; imagina a raiva, o afeto, o carinho, o amor. Quando o outro está apenas querendo dizer o que está no conteúdo, essa coisa de ler nas entrelinhas de e-mail é perigosa. Quando você lê nas entrelinhas durante uma conversa face a face, na verdade você está lendo o não-verbal, o tom de voz, a expressão facial, a linguagem corporal. No e-mail é uma loteria. Existe 50% de chance de você estar lendo corretamente, e 50% de não estar lendo corretamente.

J: Esse aspecto do não-verbal, é algo que diferencia bastante as culturas coletivistas daquelas individualistas. As culturas que são mais coletivistas, e aí se pode incluir a maior parte dos países da América Latina, países da Ásia, como a China, a Índia, se pode incluir alguns países árabes, todos esses países coletivistas têm a tendência de desenvolver uma sensibilidade para ler nas entrelinhas. Isso é diferente das culturas mais individualistas como os anglo-saxônicos, os americanos, os alemães, os ingleses ou os nórdicos, a Holanda, todos esses tendem a passar um pouco por cima disso e dar um foco maior no verbal. No conteúdo daquilo que está sendo dito.

F: Os países coletivistas, como o Brasil, têm mais sensibilidade. Além do ler nas entrelinhas, o que está se lendo é o não-verbal, o tom de voz, expressão facial...

J: Gestos...

F: E os individualistas têm dificuldade com isso. Por isso, no Brasil muitas vezes são considerados tolos, ou bobos, ou burros. "É, o alemão não entendeu nada..." E não entendeu mesmo, porque as coisas não estavam ditas...

J: Claramente...

F: Explicitamente; e o alemão focou no conteúdo. O brasileiro está acostumado a ler o conteúdo e mais o estilo, o processo, o não-verbal; então ele percebe muito mais.

J: Existem também as expressões populares ligadas a isso. Uma delas é a do "para um bom entendedor, meia palavra basta." Você diz a primeira palavra e o resto o sujeito já entendeu. "Deixa comigo que eu já sei do que se trata." Às vezes pode ser que a leitura seja enganada e o sujeito vá pelo caminho errado...

F: Essa expressão "pra inglês ver" significa fazer uma coisa só para as aparências, mas que na verdade não é para ser verdade.

J: "Nós todos fazemos de conta que estamos fazendo;" mais ou menos isso, mas conta a origem, a história...

F: A origem é na época do império quando a Inglaterra proibiu o tráfico de escravos no Atlântico. Ainda havia escravatura no Brasil e havia navios negreiros que traziam escravos da África para o Brasil, mas a Inglaterra baixou uma norma unilateral dizendo que estava proibido o tráfico de escravos. A partir daí, o Brasil estava proibido de receber navios negreiros, os navios com escravos estavam proibidos de atracar nos portos brasileiros. Mas o Brasil continuou, na prática, com o tráfego, indo contra essa lei da Inglaterra; e dizia para a Inglaterra que estava cumprindo a lei. Aí surgiu um navio que estava chegando no Rio de Janeiro e havia um capitão de um navio inglês que ficou sabendo que aquele navio que estava chegando era um navio negreiro, que tinha escravos a bordo.

Esse capitão inglês foi na Capitania dos Portos e denunciou que aquele navio que se aproximava era um navio negreiro e que não podia se permitir que ele atracasse no porto do Rio de Janeiro; exigiu que o capitão dos portos então disparasse um tiro de canhão contra o navio, avisando que ele não podia atracar. O capitão dos portos fez isso: disparou um tiro de canhão que quase atingiu o navio, mas era um tiro de advertência. O navio então parou de se aproximar e o inglês ficou satisfeito. Depois o comandante do navio negreiro baixou do navio num bote e veio para o porto; e foi lá discutir com o capitão dos portos. "O que foi isso? Por que vocês deram um tiro de canhão? Não vão nos deixar atracar como sempre?" Foi então que o capitão dos portos falou: "não se preocupe, esse tiro de canhão 'foi só pra inglês ver,' só para demonstrar para os ingleses que a gente estava cumprindo a lei. Você espera chegar a noite e você baixa os escravos com botes aqui, sem atracar o navio. Eu garanto que eles chegam no mercado sem problema nenhum!" Daí surgiu essa expressão de que "é pra inglês ver;" era para o comandante inglês ver que eles estavam atirando de canhão contra o tráfico de escravos, mas não era o que eles estavam realmente fazendo.

J: E com isso nós fomos um dos últimos países a terminar com a escravatura.

F: Infelizmente, sim.

J: Quando eu trabalho aqui com frequência com executivos holandeses que vão para o Brasil, ocorre que muitas vezes eles têm equipes para coordenar. Vão ser gerentes, diretores e tal e eles precisam se preparar. Entre outras coisas, uma parte da sua função gerencial é dar *feedback* ou dar notícias negativas do tipo "você não esta fazendo bem o seu trabalho, precisa melhorar." Como é que se faz isso no Brasil, como é que se faz isso na Holanda? Na Holanda, os holandeses aprendem que a melhor maneira de fazer isso é dizer aquilo que é negativo primeiro, dar aquele tapa; e depois fazer um pouquinho de conversa mais agradável, não deixar o sujeito sair com o negativo. No Brasil, a nossa maneira mais usual é fazer o oposto. Primeiro se conta alguma coisa positiva, se encontra alguma coisa positiva sobre a pessoa, se fala de todo um contexto antes de chegar no ponto, para dizer o que a gente está achando que está ruim, que precisa ser melhorado. É uma coisa interessante... Para tentar fazer com que uma pessoa mude aquilo que ela faz, para fazer as coisas de um outro jeito, isso é uma coisa bem complicada. Os holandeses então perguntam "mas por que isso? Por que eu tenho que dizer alguma coisa positiva?" Eu explico que é uma maneira de ajudar o outro a engolir o que você esta dizendo, a digerir melhor o que você está falando, dentro da cultura brasileira. E aí foi interessante também que uma vez eu recebi um executivo que era holandês, mas já havia trabalhado muito na Índia, na China e estava vindo para a Holanda e depois ia ser transferido para o Brasil. O que ele trouxe foi: como ele aprendeu a fazer, na Índia, essa coisa de dar uma notícia negativa. Era fazer o que ele chamava de "sanduíche". Ele começava com o positivo, depois ele vinha com o que que estava ruim; e depois ele terminava de novo com alguma coisa positiva, para ajudar a pessoa a lidar com o negativo. Isso ele chamou de "*feedback* sanduíche".

F: Isso é muito interessante pelo seguinte: na Inglaterra e nos Estados Unidos os livros de gestão e os gestores criticam o "sanduíche." Eles dizem abertamente assim: "não faça o sanduíche, evite o sanduíche, essa história de dizer uma coisa positiva depois dizer o negativo e depois dizer outra coisa positiva, isso é ruim, isso é errado!" Por quê? Porque isso tira o peso da mensagem central. Então, na mentalidade americana e inglesa, é importante que aquele peso continue ali, é importante ser direto. Só que eles não se dão conta que ao fazer isso...

J: Num outro país...

F: Aquele peso pode ser excessivo, pode ser tão grande que a pessoa bloqueia emocionalmente e não aceita o *feedback* como construtivo.

J: É, fica mais deprimido, fica chateado, fica irritado ou fica talvez mais apático do que poderia.

F: Pode simplesmente rejeitar a mensagem, pode ficar furioso e até pedir demissão e ir embora da empresa. Enfim, existe uma série de coisas.

J: Mas é uma questão de entender essa diferença para poder agir de maneira diferente; o sanduíche pode ser bom em uma determinada cultura. No Brasil pode funcionar bem, se for nos Estados Unidos é preciso ser diferente; lá é necessário ser mais direto no ponto, focando no que precisa ser trabalhado. Não existe fórmula universal, tanto num país quanto no outro, vai depender muito da pessoa com que se está lidando, a situação, o conteúdo daquilo você vai dizer. Mas é importante saber que, de maneira geral, no Brasil é difícil ser direto; ou não se deveria dar um *feedback* negativo assim direto no ponto; isso fere sensibilidades e não ajuda que a pessoa vá em frente.

F: No ABN AMRO, lá pelas tantas, na década de noventa, o banco, na Holanda, desenvolveu oito comportamentos que ele considerava que deveriam nortear a atuação na gestão de pessoas. Nós saímos a treinar gente do mundo inteiro sobre aqueles oito princípios. O curioso é que o primeiro desses princípios era "responsabilidade individual", que é uma coisa tipicamente holandesa. O sexto dos princípios era justamente "dizer as coisas como elas são" e esse foi o mais difícil de ser aceito no Brasil. Quando treinamos as pessoas sobre os oito princípios no Brasil, o princípio com o qual eles tinham mais dificuldade era esse de "dizer as coisas como elas são".

Fizemos um filmezinho para cada um dos oito princípios. As pessoas gostavam de cada um dos filmezinhos e participavam de um debate sobre cada um deles. Quando chegava nesse do "dizer as coisas como elas são", o clipe que se usava era de um casal de pais que recebe um diagnóstico de uma médica: ela diz que o filho está com uma doença fatal no cérebro: "sinto muito, mas seu filho esta com a doença tal." Eles ficam muito chocados e ela diz: "eu detesto essa doença, essa doença é um horror mas é importante vocês saberem porque vocês precisam saber o que nós precisaremos fazer para lutar contra essa doença." Só que a maneira como essa médica dava a notícia, essa forma direta, isso era rejeitado por todo mundo. A reação das pessoas, ao discutir se a gente deve ou não agir assim na gestão de pessoas, a reação era praticamente unânime: diziam assim: "mas você não pode dar uma notícia dessas assim desse jeito, você tem que fazer o sanduíche, você tem que preparar com alguma coisa positiva, aí você dá a notícia negativa. Depois, você diz mais algumas coisas positivas". Na cultura brasileira realmente é muito mal visto ser assim tão direto, isso é visto como grosseria, como ser rude: "esse cara é um cavalo!"

J: É chocante, simplesmente. "Ele não tem sensibilidade para dizer de uma outra forma, não aprendeu, o que que é isso?"

F: Isso cai muito mal.

J: Quem vem trabalhar no Brasil e tem uma equipe para liderar, tem que cuidar muito da forma como diz as coisas. Não é de não dizer, porque também às vezes fica a interpretação de outras culturas de que "então não querem que se diga." Não é que não se quer que se diga, mas é a forma como se está dizendo; isso é importante cuidar.

F: O que é preciso evitar é cair no extremo oposto de não dizer. Ou mandar um recado, em vez de falar com o funcionário. Mandar alguém falar com o funcionário em vez do próprio gestor falar, enfrentar a situação e discutir o problema. "Manda Recursos Humanos ir lá falar com o cara," por exemplo. Essa é a comunicação indireta. Ela é inadequada também porque cai no extremo oposto de não assumir a responsabilidade pelo que lhe cabe comunicar.

11. Hierarquia – Você sabe com quem você está falando?

J: Frase muito usada no Brasil para mostrar que "eu tenho poder;" se não é meu, direto, é de alguém que me protege. Acho que a situação mais comum em que se vê isso é, por exemplo, no trânsito. O guarda de trânsito vem multar alguém, ou reclamar que a pessoa estacionou num lugar proibido...

F: Fazer uma advertência...

J: E a pessoa diz: "mas você sabe com que você está falando? Eu sou o juiz fulano de tal" ou "eu sou uma arquiteta", como foi o caso daquela mulher que foi filmada dizendo isso.

https://www.youtube.com/watch?v=PmAPMWPQUG0

F: Houve os dois casos. Houve o caso da mulher que disse: "eu sou arquiteta, você não tem que estar fazendo isso aqui comigo, você tem que estar perseguindo bandidos..." Ela havia furado uma barreira policial. Aí os caras foram atrás dela e fizeram ela parar.

E houve o caso do juiz, também registrado num vídeo que circulou na web: um cara com sotaque forte, nordestino, dizendo "você não pode fazer isso porque eu sou juiz..." O guarda disse: "não, o senhor me desculpe", e o juiz disse: "o senhor, não; excelência, porque eu sou juiz; então o senhor me trate de excelência. Você eu trato de senhor, mas você tem que tratar a mim de excelência, porque eu sou juiz". Aí você lembra aquela frase: "algumas pessoas pensam que são Deus, os juízes têm certeza".

J: De onde vem isso na cultura brasileira? Vem da grande Distância de Poder, que o Brasil e mais 90% do mundo têm, onde a hierarquia é muito forte. Quem tem poder no país tem privilégios e os demais aceitam. O restante da população, ou quem está ligado a essas pessoas que têm poder, aceitam que o poder seja distribuído de uma maneira desigual. Eu acho sempre interessante esse conceito do Hofstede, porque a manutenção dessa diferença de poder está mais concentrada na aceitação de que o poder continue mantendo a desigualdade, sendo desigual para todo mundo.

F: Essa diferença de poder não é mantida graças a quem está no topo da pirâmide social, em relação a quem está na base da pirâmide, mas em cada degrau da sociedade. O guarda de trânsito é até humilhado pelo juiz; mas ele é humilhado também pelo seu sargento, pelo seu capitão, pelo delegado, todos que estão um ou dois degraus acima dele, cada um também está exercendo a sua Diferença de Poder, a sua hierarquia, para quem está abaixo.

J: O próprio guarda de trânsito também vai exercer o seu poder com quem está abaixo dele. Muitas vezes a vítima então é o motorista comum. Aí se observa aquilo que nós chamamos de "abuso dos pequenos poderes." É aquela secretária que só tem poder sobre aquele assunto, mas ela faz todo mundo esperar por aquele resultado, sobre o qual só ela tem o poder ali, naquela situação.

F: Ela não tem o poder do presidente da empresa, mas ela tem o poder sobre quem pode marcar uma hora com o presidente, ou não. E ela exerce aquilo de uma forma até mais autoritária do que o próprio presidente da empresa.

J: Se vê muito isso, também, nas relações de empregado/empregador, e nas relações com a pessoa que faz os serviços domésticos. Isso é muito claro. Aí, de novo, se reforça essa atitude de quem está se sentido com menos poder, que é a pessoa que trabalha na casa de alguém. Essa pessoa não se sente à vontade, mesmo que seja convidado a sentar na mesa muitas vezes. Eu vi recentemente esse filme "A que horas ela volta?" que trata desse tema de uma maneira soberba, com a Regina Casé. Muito interessante, porque traz exatamente isso. Ela era a empregada doméstica e a filha, que já tem um nível de estudo diferente, vem para ficar junto por uns tempos. A filha se sente à vontade e a família se sente meio dividida. Às vezes convida a jovem para a mesa, às vezes não, mas a menina se sente ok. E a mãe, que é a empregada doméstica, fica sempre dizendo "sai daí menina, mas que coisa horrível, você quer usar a piscina do patrão, não pode, isso não..." Ela mesma se limita e puxa a filha para não invadir o poder da família.

F: Então é ela que mantém a hierarquia, na verdade.

J: É os dois lados. A família também gosta de manter, mas com diferenças. É que mesmo quando há uma abertura de quem tem mais poder, nem sempre quem tem menos aceita. Geralmente não aceita. Continua se sentindo com menos poder e não aceita.

F: Eu gosto de comparar essa frase "você sabe com quem está falando?" que é uma frase típica de quem tem autoridade numa sociedade hierárquica, e que então usa essa frase para reforçar a hierarquia, dá o famoso "carteiraço," que significa dizer: "eu tenho uma carteira, um documento que mostra que eu tenho mais poder do que você". Você dá um "carteiraço" e você joga a sua posição hierárquica como uma agressão ao outro para que o outro se submeta.

J: Sim, mas e qual é a comparação?

F: Eu gosto de comparar essa frase do "você sabe com quem você está falando?", com uma frase que é muito usada nas sociedades de baixa hierarquia, onde a Distância de Poder é menor. Essa frase é "quem você pensa que é?".

J: É a contrapartida.

F: "Quem você pensa que é, para achar que é melhor do que eu? Você não é melhor do que eu, porque ninguém é melhor do que ninguém".

J: É. "Nós somos iguais".

F: "Você não pode me dar um "carteiraço." Quem você pensa que é para me dar um "carteiraço? Você não é melhor do que eu!" Essa seria a resposta. Quando alguém tenta dar um "carteiraço," numa sociedade igualitária, a contestação disso acontece nessa frase, "quem você pensa que é?".

12. A turma do "deixa disso!"

J: É importante evitar conflitos. Nós temos uma característica essencial na cultura brasileira, que é evitar conflitos, manter a harmonia do grupo. Isso está muito ligado com o Coletivismo, no sentido de que qualquer coisa que quebra a harmonia do meu grupo, e quaisquer grupos de que eu participe, é evitado. Existem grupos com finalidades diferentes, mas em cada um existe a preocupação de manter a harmonia. Não se diz tão claramente as coisas que são opostas aos interesses do grupo. As pessoas expressam a sua opinião, mas o fazem de uma maneira muito delicada, se for uma coisa contrária à opinião de outro.

F: Se desculpando...

J: Se expressam com cuidado... ou primeiro tentam achar alguém que faz eco com o que estão pensando, para poder ter então um pouquinho mais de reforço, de apoio, na hora de trazer uma situação. Mesmo assim, a situação é sempre assim, como o que os americanos chamam de *"beating around the bush:"* rodeando o toco, como diria o meu pai. Isso é para manter a harmonia; mas é claro que não acontece o tempo inteiro. Muitas vezes as pessoas começam a ficar inflamadas e começam a discutir; e se elas começarem a ficar tão inflamadas na discussão, ao ponto de ter o risco de brigar, já aparece a turma do "deixa disso." É de um lado e de outro, alguém para segurar os brigões em potencial. Alguém para dizer "não, deixa disso." Se começarem a brigar, então, mais ainda: logo aparece alguém para segurar o grupo de cá e o grupo de lá. E isso acontece em qualquer lugar. Entre conhecidos, e até na rua, se houver alguém que não se conhece e começou a brigar no trânsito, por exemplo. Sempre vai aparecer a turma do deixa disso para segurar e tentar evitar que haja um conflito maior.

F: Em Brasília, o STF briga com o Senado, vem alguém e propõe "não, peraí, vamos dizer que o Renan Calheiros não pode ficar na sucessão presidencial, mas ele pode continuar como presidente do Senado..." (risos) É uma tentativa, sempre, de atenuar, botar panos quentes para evitar o conflito. Faz o impeachment da Dilma, mas não cassa os direitos políticos. Termina em pizza. É curioso, porque existe uma distorção disso, que é a de pensar assim: "então você está dizendo que brasileiro é bonzinho, brasileiro não gosta de briga; mas como é então que existe toda essa briga entre quem é a favor do PT e contra o PT, ou quem é conservador e quem é progressista?"

J: Correto.

F: É que, na verdade, o Coletivismo não significa que todos estão em harmonia no País. A harmonia é buscada dentro do próprio grupo, mas um grupo pode entrar em conflito com outro e pode dar até guerra civil entre grupos. Essa coisa de evitar o conflito não significa que não haja o conflito entre grupos diferentes.

J: Aliás, é o contrário. Entre grupos, nas culturas coletivistas, existem mais disputas do que nas culturas individualistas.

F: Exato.

J: As individualistas são mais universalistas; o que vale para mim também vale para os outros. E na cultura coletivista, o que vale para mim e para os meus amigos, vale só para mim e para os meus amigos. Para os outros, os rigores da lei.

F: Isso explica, por exemplo, que, embora se evite conflito, ao mesmo tempo a torcida do Corinthians bate na torcida do Palmeiras e vice-versa; e os gremistas e os colorados podem até se matar, literalmente, a paus e pedradas, a tiros e pontapés. São grupos diferentes em conflito. Da mesma forma, a turma do PT e a turma anti-PT trocam impropérios, brigam a socos nas ruas, porque é um grupo lutando contra o outro. O que se busca é tentar o "deixa disso" dentro do próprio grupo. Para poder manter o grupo unido, para poder brigar com os outros. Mas não é que não haja conflitos na sociedade brasileira como um todo.

J: No exemplo do trânsito, aí é uma coisa mais espontânea, que não necessariamente tem a ver com grupos específicos. E é uma coisa mais espontânea também das pessoas terem essa tendência de evitar que dois briguem. Se der para evitar. Às vezes não dá.

F: Existe uma característica do Coletivismo que é: quando o conflito surge, ele tende a se tornar rapidamente um conflito pessoal e que foge ao controle das pessoas. Precisa ser controlado por outros, que vêm com a turma do "deixa disso". A divergência de opiniões rapidamente vira uma troca de ofensas pessoais. É difícil você discutir política ou futebol sem logo alguém partir para o "você é um ignorante", "mas você é um filho da puta", sabe? Em vez de continuarem discutindo o assunto, vira uma coisa de desqualificar o outro. "Você não entende nada", "você entende menos ainda!" Não estão mais discutindo o assunto. Estão simplesmente ofendendo um ao outro. Eu acho que isso é uma característica de uma sociedade que valoriza tanto o relacionamento, que as coisas logo vão para o plano pessoal.

J: Isso é bem típico de Coletivismo, porque nas culturas individualistas, você pode discutir um assunto ferrenhamente e depois as pessoas não se sentem necessariamente agredidas umas pelas outras.

F: Não ficam magoadas, não se sentem ofendidas.

J: A minha experiência é de que eu tenho que fazer um esforço, às vezes, para eu não me sentir magoada depois do que a pessoa veio discutir comigo. Fazer um esforço para pensar que essa pessoa não estava querendo agredir a mim, estava apenas falando do assunto. Mas isso é um aprendizado: até hoje eu tenho alguma dificuldade de lidar com isso.

F: Você pode ter uma discussão violenta, mas ela fica no assunto, no tópico sobre o qual existe uma divergência. E depois, a pessoa fala: "vamos tomar um café" ou "vamos tomar um chope," como se nada tivesse acontecido...

J: Nós achamos estranho. Como assim?

F: É, se muda para um outro assunto e a conversa continua sem problema nenhum. Nesse outro tema as opiniões podem até serem convergentes ao invés de divergentes, mas é como se nada tivesse acontecido.

13. Contato físico

F: Eu tinha pensado nisso porque no Brasil nós temos muita facilidade para fazer contato físico. Estamos sempre tocando um no outro ao falar, as pessoas se cumprimentam se abraçando, se beijando no rosto. Nem notamos que isso é uma coisa brasileira. Em outras culturas não fazem nada disso e até estranham, ficam sem jeito quando os brasileiros saem abraçando e beijando todo mundo.

J: As culturas que estranham mais são, justamente, as mais individualistas, onde o espaço pessoal conta bastante. Contudo que, por exemplo, os japoneses, que são coletivistas, eu acho que também têm uma coisa parecida: não é tão fácil de chegar perto ou de tocar, não é uma coisa tão espontânea, de se abraçar.

F: No Japão, embora eles não sejam individualistas, sejam mais coletivistas, eles têm um Controle da Incerteza muito elevado, tudo muito ritualizado. É isso que acaba interferindo com a espontaneidade do toque físico.

J: Existe muita formalidade no Japão.

F: Quem tem dificuldade com o contato físico também são os ingleses e os americanos, que são individualistas, mas que também têm uma orientação forte para o desempenho. As culturas mais femininas ou mais voltadas para o carinho, para o cuidar dos outros e para a qualidade de vida, aceitam mais o contato físico, mesmo quando sejam individualistas. Como, por exemplo, os italianos, os espanhóis e os franceses. Eles ainda têm mais contato do que os ingleses, os alemães e os escandinavos.

J: São culturas tipicamente femininas, mas avessos a muito contato físico, é muito "chega pra lá, não vem muito pra cima de mim".

F: Os holandeses têm essa coisa dos três beijinhos. Mas é uma coisa também meio ritualística.

J: É formal. Eu lembro, justamente, daquela situação na Holanda de tocar no braço de uma pessoa para ajudar. Ah, que coisa horrorosa a pessoa ficar totalmente chocada. Porque eu tocar, sem pedir permissão, para eles é um abuso. Um abuso do espaço. E os ingleses também, os americanos, sempre mantêm uma certa distância.

Os americanos, festivamente distantes. Para eles o brasileiro chega a ser demais.

F: Chega a ser invasivo.

J: E se você olha também as fotos que se vê de grupos, o pessoal está sempre super abraçado, não é? Super junto, um se jogando na frente do outro.

F: Se tocando no ombro. Encostando...

J: É, sempre assim, chega a ser um...

F: Se afagando. Nos Estados Unidos iria todo mundo preso por assédio sexual.

J: (RISOS)

F: Só por ficar assim se encostando, pegando no braço. Um colega interculturalista mostrou duas fotos, de duas filas, em países diferentes. A diferença era muito grande. Na Inglaterra, as pessoas em fila com meio metro de distância entre cada um e o outro; na China, que é coletivista, as pessoas todas encostadas uma na outra.

J: No Brasil, é simples você tocar em alguém para perguntar alguma coisa. Não há cerimônia com isso. Não há surpresa, na cultura brasileira. Isso é bem aceito.

F: Isso tem tudo a ver com o Coletivismo e uma facilidade maior de ter mais intimidade. Se trata de priorizar o relacionamento e fazer parte do grupo. É o contrário do Individualismo, onde fica cada um na sua e se mantém a distância.

J: Existem razões históricas que contribuem. Se pensarmos na cultura indígena e negra e na miscigenação; e como os portugueses gostavam bastante das negras e dos indígenas. Isso deve ter contribuído, não só o fato de que temos uma cultura coletivista, como outras também são.

F: De onde veio isso? Tem tudo a ver com a cultura indígena e africana. E a portuguesa também, porque os portugueses também são coletivistas, então juntou tudo. Basicamente juntaram três culturas coletivistas: portugueses, africanos e indígenas.

J: Perfeito.

F: Os imigrantes alemães e italianos é que são individualistas. É um pouco diferente disso. Mas todo o pessoal que veio do mundo árabe, os sírio-libaneses, também são coletivistas.

J: Também são mais coletivistas.

F: Então reforça também essa coisa do contato. Embora no mundo árabe haja uma coisa diferente: o contato existe, mas sempre entre pessoas do mesmo sexo. Quer dizer, homem com homem pode beijar no rosto, pegar na mão e tudo, mas não pode encostar na mulher. E mulher encosta com mulher e tudo, mas não pode tocar num homem.

J: É, enquanto se vê, não é? Quando não se vê, pode. (Risos)

F: Diante dos outros, socialmente falando, não pode. Entre quatro paredes, a estória é bem diferente.

14. Espontaneidade

F: O que podemos falar espontaneamente sobre espontaneidade? (risos)

J: Eu presencio muito como no Brasil as pessoas espontaneamente falam sobre a vida delas para qualquer um.

F: Mesmo quem elas não conhecem.

J: Isso seria uma coisa impensável na Holanda. Sem contar que lá, por exemplo, vivendo já há muitos anos, é uma das coisas com que eu mais sinto dificuldade. Antes de se expressar, você tem que pensar se o tom de voz está muito alto, se o que você vai dizer pode ofender os outros. Eu aprendi a ter toda uma preocupação com isso.

F: Os holandeses têm um respeito até exagerado.

J: É que acaba sendo um tanto cerceante. Em termos de espontaneidade, você não pode sair correndo e abraçar uma pessoa e fazer alguma coisa meio escandalosa. Essas coisas assim só se faz com permissão.

F: Tem lugar e hora para essas coisas. Em certas situações e locais, a permissão existe.

J: Agora é a parada gay, então pode. Bom, agora é para celebrar que o Ajax ganhou, então pode. As coisas são mais marcadas. Me lembrei de um exemplo, de uma pessoa que eu estava avaliando essa semana.

F: Cuja identidade fica protegida pelo nosso sigilo profissional.

J: Ele contou que tinha vivido muitos anos na América do Sul, um holandês, como criança ainda, com a família. E daí voltou, para o norte da Holanda, foi viver numa cidadezinha lá do interior. Ele estava acostumado a jogar uma espécie de *handball* que eles tinham lá e voltou a jogar o tal do *handball* . Certa vez ele saiu celebrando como um...

F: Sul-americano?

J: Quando fez um ponto, saiu correndo, "Yeah! Yeah! Yeah! Uau! Uhuuu"! E, aí, foi expulso da quadra porque o professor disse: "Aqui a gente se comporta como rei, não se comporta como índio". (risos)

J: "Vai pra fora da quadra e volta depois que tiver se acalmado".

F: (risos) Aí tem a ver com a expressão da emoção, não é? Controle da Incerteza. Quer dizer, a Holanda tem, sem dúvida, baixo Controle da Incerteza e não expressa as emoções, na comparação com os latino-americanos. E, na América do Sul, a maioria das culturas ensina as crianças a expressar as emoções desde cedo.

J: Então, comemora, chora, esperneia...Faz o diabo.

F: Espontaneamente... Não precisa controlar as suas emoções.

J: No Brasil a pessoa pode até controlar mais aquilo que diz, o conteúdo verbal é mais controlado, para estar mais de acordo com o que o seu grupo pensa, para não ofender o outro, para manter a harmonia. Mas você é livre para se expressar em termos emocionais. Numa das últimas vezes em que visitamos o Brasil, eu tive uma situação, por exemplo, de uma pessoa contando toda a história dela... Enquanto eu esperava na fila para trocar o dinheiro, no aeroporto, para trocar euros por reais.

F: Imagino...

J: Nós acabamos ficando relativamente íntimas...

F: Sem se conhecer.

J: É que nós descobrimos que ela tinha reais, ela queria trocar a mesma quantia que eu queria trocar. Então nós podíamos fazer o nosso...

F: A troca direta.

J: E foi o que nós fizemos.

F: Em vez de trocar com o banco. (risos) Vocês podiam ser presas por fazer câmbio-negro.

J: É, mais ou menos isso. E aí, também, eu me lembro de uma outra situação, também não faz muito, na fila para comprar a passagem. Uma senhora meio que esbarrou em mim e pediu desculpas, mas aí também ela me contou toda a vida dela, me contou que ela estava com um problema de saúde, contou qual era o problema de saúde, enfim... Sem que eu perguntasse nada. Existe também o motorista de táxi que te conta da história dele... Isso é uma coisa que não é só da minha experiência. Acontece também com todos os estrangeiros que nós preparamos para ir para o Brasil; e que depois nós temos contato com eles e ouvimos as suas histórias. Eles também vivenciam essa coisa, de que as pessoas, espontaneamente, se expressam e se tornam íntimas amigas.

F: Sim, eu lembro uma vez num caixa automático, em Amsterdam, na fila para sacar dinheiro. Havia uma mulher brasileira, do Mato Grosso, que se virou e começou a contar que estava aqui há cinco anos, que detestava o clima, que estava indo embora daqui a seis meses para reencontrar com a filha, não-sei-quê. (Riso) Ela contou a história toda dela...

J: Sem você perguntar, não é?

F: Sem eu perguntar nada, em dois minutos na fila. Isso tem a ver com aquele ditado, que diz que brasileiro gosta de fila. Brasileiro adora fila, mas é que as pessoas começam a conversar na fila.

J: Desenvolvem um relacionamento, é um evento social. Ficar na fila pode ser um evento social.

F: Rapidamente, começam a contar toda a sua vida, a sua intimidade. Não é só ficar batendo papo superficial sobre se vai chover ou não. Já vai fundo! Logo já começa a falar da sua família... Do que gosta e não gosta, do que acredita e não acredita.

J: É interessante porque nós preparamos os estrangeiros sobre o fato de que, no Brasil, eles precisam desenvolver confiança, de que as pessoas precisam primeiro confiar para depois, então...

F: Poder fazer negócios.

J: Mas, por outro lado, eu acho que existe isso de se olhar para o outro e verificar se a pessoa tem uma cara limpa. Aí a pessoa se sente à vontade para contar a sua história, assim, com facilidade.

F: O que incomoda o estrangeiro é que ele fica mais focado no resultado, então fica pensando: "Bom, se eu vim aqui para fazer negócios, eu até quero conversar, sim; estou disposto a falar muito... sobre os negócios".

J: "Mas esse cara fica falando sobre futebol, sobre carnaval, sobre família, sobre o que ele gosta de comer ou não-sei-o-quê e isso para mim, como estrangeiro, não tem nada a ver com o objetivo da nossa conversa".

F: "Que é fazer um negócio." Essa conversa de relacionamento do brasileiro, essa espontaneidade de falar sobre qualquer coisa, isso incomoda pela falta de foco, porque o cara do norte da Europa, dos Estados Unidos, ele vem ali com foco num propósito e ele quer atingir o seu propósito. Que não inclui todas as outras coisas sobre as quais o brasileiro fala espontaneamente.

J: Mas é que o falar sobre essas outras coisas, na verdade, tem o objetivo de buscar aquilo que se chama em inglês um *common ground*, é se encontrar alguma coisa em comum que possa ser, de repente, do interesse dos dois e que possa começar a criar um vínculo, uma conexão e, daí, uma intimidade; e desenvolver, por aí, a confiança.

Eu estava falando dentro da perspectiva de que nós treinamos os estrangeiros que vêm para o Brasil sobre a cultura brasileira, e dizemos que é importante desenvolver confiança. Por outro lado, o cara pode estar na fila e se ele tiver uma cara limpa, o brasileiro pode virar e contar a história toda dele.

F: Toda a sua vida.

J: Rapidamente. Não é preciso muito esforço, nem um tempo muito longo, para criar confiança; mas é necessário que existam alguns elementos, de intimidade ou de confiança, até, subjetiva. Subjetiva, porque você não conhece ainda o outro, mas você olha para ele e acha, "eu me sinto à vontade para contar a minha história."

F: O que é importante no comportamento do estrangeiro é que ele também tem que corresponder.

J: Sim!

F: Porque se ele não corresponde, o brasileiro fala, fala, fala pelos cotovelos e lá pelas tantas fica achando assim: "mas esse cara não reage... Eu contei a história da minha vida pra ele e ele"...

J: Não me contou nada!

F: "Não me disse nada sobre ele próprio!"

J: Aí a confiança pode se esvair logo.

F: "Esse é um cara fechado, que não fala... Vai ver que está querendo esconder alguma coisa... É um cara que não é espontâneo... E a gente não sabe o que ele está realmente pensando ou não... Porque ele fica muito na dele."

J: Aí gera desconfiança pela falta de espontaneidade.

F: Mas é curioso que os estrangeiros precisam aprender a ser espontâneos e têm, justamente, cursos de treinamento de liderança, onde dizem: "Você tem que aprender a ser mais espontâneo". O que não é fácil. Enquanto que os brasileiros têm excesso de espontaneidade, têm que aprender a se controlar.

J: Se controlar um pouco mais.

F: A se comportar na sala de aula.

J: Eu acho que depende, justamente, do ambiente e com quem você está lidando. A verdade é que você pode ser bem espontâneo, dependendo da cultura em que você está, e precisa ser mais controlado dependendo da cultura com a qual você vai lidar. E se essa cultura é mais controlada ou espera que as pessoas tenham uma atitude mais formal.

F: Nas culturas individualistas existe muito esse entendimento de que é preciso haver uma hora e local para ser espontâneo. Aquilo que você falou antes: é preciso haver permissão para ser espontâneo. É necessário haver um momento ou uma situação na qual você pode ser espontâneo, não é em qualquer situação.

J: No Brasil é ao contrário.

F: Existe uma permissão implícita de que qualquer hora pode ser hora. Não é uma coisa tão claramente separada. Quando é hora e quando não é hora? Existem reuniões formais nas quais, de repente, alguém faz alguma coisa engraçada ou, sei lá... É válido também no Brasil improvisar. E nós sentimos orgulho da capacidade de improviso.

J: Enquanto que o improvisar em outras culturas é mal visto. É visto como falta de planejamento, falta de organização, falta de estrutura, de preparo.

F: Não é bem visto. O brasileiro acha que improvisar e saber improvisar é ser genial, é uma maravilha.

J: Isso está muito ligado com a nossa visão de flexibilidade, de lidar com uma situação inesperada e poder dar uma solução brilhante que todo mundo aplaude.

F: No Brasil, o cara que reage espontaneamente é mais valorizado do que aquele que para e pensa antes de agir, aquele que escolhe as palavras antes de responder. Se um cara está sendo entrevistado, ele ganha simpatia por ser espontâneo. Por falar "de cara" o que vem na cabeça.

J: De coração aberto! Mais do que com um papelzinho na frente.

F: Se ele tem um papelzinho na frente ou se ele tem que parar e pensar e escolher muito as palavras, as pessoas logo se irritam com aquilo. Ficam entediadas e desconfiam porque, justamente, o cara não está sendo sincero, não está sendo espontâneo.

15. Superstição e religião

J: Um componente forte da cultura brasileira é a superstição, que acaba levando para uma religiosidade intensa, inclusive para o fato de que algumas pessoas frequentam mais de uma religião ao mesmo tempo, mesmo que elas sejam completamente opostas.

F: Existe uma fé muito forte no pensamento mágico.

J: Por exemplo: bater na madeira três vezes. Isso dá a sensação de que eu estou me assegurando de alguma coisa, de que isso vai me ajudar.

F: Em termos de dimensões culturais isso tem a ver com o Controle da Incerteza. Nós vimos na votação do impeachment que os deputados ao votar, ao fazer o seu discurso de voto, mencionavam a família e Deus. Vários mencionaram Deus e isso tem a ver com essa religiosidade, essa superstição, essa coisa do pensamento mágico. Tem tudo a ver com o Controle da Incerteza, tentar evitar a incerteza, pensar que se eu rezar com muita fé eu consigo passar no exame. Não basta estudar. Precisa também algo mais.

J: É um apoio externo, algo maior do que eu, que consegue realmente me ajudar na solução dos meus problemas. Isso também existe muito, especialmente, na religião católica: a coisa de pagar promessas, de andar de joelhos por quilômetros ali em Aparecida. Aquela ponte toda que o pessoal faz de joelhos, pagando promessas.

F: É como sempre uma combinação de dimensões. É o Controle da Incerteza mas não só isso, junta aí a Distância de Poder. A religiosidade associada a uma coisa de depender de uma força maior do que eu, de uma coisa que está fora de mim, acima de mim. É uma noção hierárquica da igreja, do padre católico, do bispo, do Papa. "Vai se queixar pro bispo!" Não vai só se queixar pro padre, então vai se queixar pro bispo, ou então "vai se queixar pro Papa!" Isso segue uma escala hierárquica. É curioso como as pessoas vêm falando muito, ultimamente, em protagonismo. Falar em protagonismo virou palavra da moda. É, na verdade, uma tentativa de combater essa excessiva dependência, é dizer para a pessoa: "você não precisa depender de ninguém, você pode ser o protagonista da sua vida, da sua carreira.

Você pode ser o personagem principal, ao invés de pensar em si mesmo como um personagem secundário, que depende dos outros."

Isso é justamente uma reação à nossa cultura hierárquica. A cultura geral é de que as pessoas não são protagonistas, que existe alguém que está sempre definindo o seu destino: um santo, Deus, o chefe, o prefeito, o governador, o presidente... Essa tentativa de valorizar o protagonismo é tentar dizer: "não dependa tanto dos outros, faça você mesmo as coisas".

J: O que ocorre é que agindo com várias religiões a pessoa consegue mais de um Deus protegendo. Eu vejo muito isso com a umbanda e os católicos. Os católicos que vão à umbanda ou até gente de outras religiões protestantes que também frequentam a umbanda. Quando você vê, por exemplo, no Ano Novo, toda aquela gente vestindo branco e fazendo oferendas no mar, aquilo é uma coisa da umbanda; é oferecer para Iemanjá. Muita gente que é católico vai lá por que? Porque estão conseguindo todos os deuses da umbanda mais Jesus e todos os santos; Você tem todos os deuses a seu favor.

F: E o vestir o branco, já é uma coisa de superstição. É uma coisa tão forte, essa coisa de vestir branco no Brasil. Eu não vejo isso em outros países. No Brasil se vê que a grande maioria do pessoal está de branco. Se você for ver um outro país católico, o pessoal não está vestindo branco, ou países protestantes. Você vai ver as cenas de Ano Novo na Europa, nos Estados Unidos, todo mundo se veste de tudo quanto é cor. Mas no Brasil tem essa coisa do branco. Se você aparece numa festa de Ano Novo e não está de branco, todo mundo diz: "você não veio de branco?"

J: Isso me lembra quando eu fiz há muitos anos estágio na comunidade São José de Murialdo, porque o médico, pesquisador, Dr. Busnello, ele dizia, quando nós trazíamos alguma coisa de um paciente que se estava tratando e envolvia superstição: "isso é aqueles 5% de superstição que todo mundo tem no Brasil." Eu sempre me lembro disso quando ponho uma roupa branca no Ano Novo e quando eu vejo a minha filha pular as sete ondinhas. Todo mundo no Brasil tem alguma coisa de supersticioso.

Falando da questão da superstição e de se filiar a mais de uma religião, isso eu já vi com muitos amigos indianos. Já me confirmaram que na Índia também é assim: gente que é hindu, mas também por via das duvidas vai no rito católico. Ou, no muçulmano. Eles também têm isso. E uma coisa que os turcos têm é aquele olho que no Brasil também se pendura, aquele olho azul, contra o mau olhado. Aquilo na Turquia é muito forte. São outras maneiras de manifestar a superstição.

F: Você tem razão em marcar mais a superstição e não a religião, porque se veem essas superstições no Brasil inclusive com quem é ateu, inclusive com quem não frequenta nenhuma igreja.

J: Exato, há quem não acredita em Deus ou não é filiado a uma religião específica, mas acredita que se fizer tal coisa, se bater de novo na madeira, isso vai ajudar; ou se tiver uma figa. O Brasil tem muito da figa também, para afastar o mau olhado.

F: Mesmo quem não acredita em Deus é capaz de se vestir de branco para dar sorte ou porque quer paz no Ano Novo, pular as sete ondinhas, mesmo que não seja de umbanda ou de religião nenhuma, mas é uma coisa de superstição. Tipicamente a gente vê isso muito no futebol, com o pessoal que vai assistir o jogo com a camiseta que dá sorte, "aquela roupa que eu vesti quando meu time foi campeão." O cara começa a vestir a mesma roupa toda vez que o time vai jogar ou coisa assim. E mesmo quem não seja efetivamente religioso acaba fazendo essas coisas. Tudo tem a ver com o Controle da Incerteza, a tentativa de evitar a incerteza de alguma forma.

J: E de se sentir mais seguro, porque existem outros aspectos relacionados com o Controle da Incerteza no Brasil. Existe esse aspecto de muita legislação, de fazer leis que te garantem, mesmo que as leis não sejam tão aplicadas, como a gente bem sabe. Mas existe a sensação de que, por causa de toda aquela legislação, você está de alguma forma garantido. Um outro aspecto muito importante no Brasil é a casa própria: o grande sonho da casa própria, que é ter o seu lugar, algo que é seu, que não tem quem te tire de lá, dá essa segurança. Ou o emprego público, que embora não seja tanto quanto era no passado, talvez há dez anos atrás, mas continua sendo aquela questão de que "nossa, eu estou num emprego público, eu estou seguro para o resto da vida".

F: Isso existe muito. Eu vi uma vez um artigo de uma inglesa, que tinha morado no Brasil. Ela escreveu sobre essa diferença: o brasileiro queria um emprego, um lugar seguro; o americano queria trabalho. A característica da palavra *job* não é necessariamente um emprego, é qualquer tarefa. É sinônimo de emprego e de tarefa. Mas no Brasil emprego é efetivamente ter uma segurança de emprego estável, por isso existe tanta gente querendo fazer concurso público.

Daí você tem uma chance mínima de ser mandado embora. Outro dia vi um artigo do Leonardo Sakamoto, na UOL. Ele é um cara que se diz progressista e cientista social, mas estava criticando o fato de que o governo Michel Temer ia acabar transformando a CLT em confete e serpentina, rasgar tudo. Os direitos dos trabalhadores seriam perdidos e ele terminava a crônica dizendo que "não se queixe se, daqui a alguns anos, quando você falar de emprego, o seu filho perguntar: "emprego, o que é isso?". O que me chamou a atenção é que nos Estados Unidos e na Europa já se fala no fim do emprego há mais de 20 anos. As pessoas estão sendo empreendedoras de si mesmas. O surgimento do Uber e todas as suas variações representam o fim da relação de emprego. Essa relação de emprego é uma coisa meio escravocrata, é coisa do passado. Você ficar à disposição do empregador, para seja lá o que for, ao invés de você ser contratado por tarefa, como um autônomo.

A diferença é que isso é visto nos Estados Unidos, por exemplo, como uma coisa positiva, de ter mais liberdade. No Brasil, até o Sakamoto, que é para ser progressista, está achando ruim acabar com a segurança do emprego, da relação estável, da coisa que na verdade tem um fundo paternalista. "Eu sou escravo do meu patrão, mas o meu patrão cuida de mim. Mas a CLT evita que ele abuse." Na verdade, se acabassem com a CLT e acabassem com a relação de emprego, isso até poderia em tese ser uma coisa boa, desde que as pessoas se sintam seguras por si mesmas, não tenham que depender de emprego ou do empregador, que elas se sintam autônomas, que elas se sintam protagonistas. Sabemos que na nossa cultura não é assim, existe uma necessidade de controlar a incerteza, então existe uma predileção pela segurança. Depois de um ano no Brasil, o Uber começou a ser objeto de reclamatórias trabalhistas, de pessoas pedindo a vinculação de emprego.

J: Na nossa cultura e em várias culturas se vê isso. Existem várias outras culturas que também têm o Controle da Incerteza numa escala muito alta.

F: Sim, é que estamos falando do Brasil. Mas isso vale para várias culturas e algumas das culturas na Europa também, como a França, a própria Itália, Espanha, Alemanha, são todas culturas que têm alto Controle da Incerteza. E todas têm legislação que protege o empregado e também têm maior estabilidade de emprego, principalmente no serviço público.

J: Essas tendências, elas acabam sendo importantes e acabam mudando completamente a maneira como as pessoas se relacionam com o trabalho. Mas não se aplicam a todas as pessoas em todo o mundo. O mesmo ocorre com as novas tecnologias. De repente, começam a aparecer os computadores e isso passa a ser tão importante que parece que todo mundo tem o seu. Mas não dá para generalizar. Isso que eu acabei de dizer: "todo mundo tem o seu computador," não é verdade. O mundo não é uma coisa uniforme. Pode haver uma tendência que passa a ser importante; agora o mundo está olhando para essa direção, muita gente está adotando aquilo. Por outro lado, muita gente vai continuar tendo outras necessidades, ainda importantes. Outras coisas acabam se mantendo no paralelo. Existe um grande número de pessoas agora querendo a relação de emprego; e um grande número de pessoas quer uma relação de flexibilidade. Sempre vai haver quem vai preferir e precisar de uma coisa ou outra.

F: Sim, as coisas não mudam absolutamente.

J: E nem são 100% uma única coisa; existe sempre a variedade de situações acontecendo, só que você pode ter um grande número de pessoas indo numa certa direção. O cinema não acabou com o teatro, a TV não acabou com o cinema, e por aí vai.

F: Eu acho importante marcar também que querer diminuir a incerteza não significa comprar seguro de vida, ou seguro de casa, seguro de automóvel. Algumas pessoas associam isso, elas acham que se uma cultura tem grande necessidade de acabar com a insegurança, de diminuir a incerteza, então esse grupo de pessoas deve comprar muito seguro. O que a gente vê na prática é que as culturas que têm maior Controle da Incerteza não necessariamente compram apólices de seguro; e as culturas que têm menor Controle da Incerteza, que aceitam a incerteza, como, por exemplo, os Estados Unidos, como a Holanda, eles contratam seguros com muito mais frequência. Um percentual muito maior da população contrata seguros: seguro de vida, do automóvel, seguro de casa, de viagem. Essas práticas de contratar seguros, elas não estão associadas ao Controle da Incerteza como dimensão cultural. Se houver uma correlação ela é negativa. Acho que é importante distinguir as duas coisas porque o seguro não evita a incerteza.

J: Eu ia perguntar, por que as culturas que não têm um alto Controle da Incerteza investem em seguros?

F: Para evitar as consequências da incerteza. Elas compram alguma coisa que vai garantir o lado financeiro, mas que não vai evitar o sinistro, como se diz usando linguagem de seguros.

J: O que você está dizendo então é que, nas culturas de alto Controle da Incerteza, o foco não está em: "depois que o desastre aconteceu, o que a gente vai fazer?" É mais sobre "vamos evitar que a coisa aconteça."

F: Sim, e é um comportamento inconsciente, como a superstição, por exemplo. Enquanto que comprar seguro é um comportamento consciente. É uma decisão de comprar seguro, é uma decisão racional e implica em ter dinheiro para pagar o seguro. Eu vou comprar seguro porque acho que isso vai evitar as consequências financeiras de um desastre.

J: Sem contar que na cultura holandesa se valorizam os negócios, na cultura inglesa também, na cultura americana também. São culturas que gostam de fazer negócios e isso é uma oportunidade.

F: O negócio de seguros é tão grande justamente nas culturas que têm menos Controle da Incerteza, isso é curioso. É também uma questão da economia: onde existe mais o dinheiro disponível, a distribuição de renda é melhor e mais pessoas têm condições de pagar pelo seguro; enquanto que no Brasil e em outros países de alto Controle da Incerteza e com menos afluência econômica, as pessoas não compram seguros, mas preferem bater na madeira. "A gente não vai pagar seguro, mas vou botar um pé de coelho na minha garagem que daí ninguém rouba o meu carro."

J: Tem uma ação concreta nas culturas de alto Controle da Incerteza no dia a dia, que é o que eu chamo a checagem dupla ou tripla, ou quádrupla, que é feita no ambiente da rotina do trabalho diário. Eu preparo um programa de treinamento que vai acontecer num determinado lugar e eu quero ter a garantia de que tudo vai estar OK. Para tanto, todo o material tem que ser preparado antes, é preciso checar isso e conferir se está tudo bem lá no local e ir para lá um pouco mais cedo. Se está acontecendo algum problema, esse problema é meu e eu tenho que resolver. Existe toda uma precaução para que as coisas aconteçam de acordo com o que eu planejei/preparei.

Eu vivi uma situação na Holanda de ir para o treinamento com uma colega inglesa. Eu cheguei um pouco antes do que ela e eu estava preocupada porque na sala em que deveríamos estar não havia ninguém. Ela chegou, ela que era a responsável pelo treinamento e eu já estava em alas, querendo saber o que aconteceu, se as pessoas receberam ou não receberam a notícia. Ela deu uma conferida e descobriu que o pessoal que organizou o espaço, que era o pessoal da empresa cliente, haviam nos mandado para a sala que a gente usaria, mas mandaram os participantes para uma sala errada! Eu já estava muito preocupada porque, afinal das contas, a responsabilidade é nossa de fazer o programa no tempo certo. Ela estava bem tranquila, porque ela disse assim: "esse não é nosso problema, esse é um problema da empresa que não marcou a sala certa para os participantes". Eu já queria ter visto aquilo antes, eu já queria ter tudo completamente funcionando da maneira como a gente previu.

F: Aí já existem outras coisas juntas.

J: Já existe o Individualismo junto.

F: Pois é, e também Distância de Poder e Individualismo, junto com Controle da Incerteza.

J: Tem a ver com o Controle da Incerteza porque eu estava completamente ansiosa. Eu estava lá antes dela, porque eu queria ter certeza de que tudo iria funcionar direitinho. Não estava funcionando direitinho e eu estava muito angustiada. Para fazer aquele trabalho eu estava mais angustiada do que ela. Ela era mais individualista e estava tranquila, porque aquilo não era responsabilidade dela. Ela também não estava preocupada em evitar que aquele problema acontecesse e eu estava.

F: É sempre uma combinação de coisas. Nesse caso são três coisas: tem a ver com o Controle da Incerteza porque alguma coisa não vai dar certo e aí o que vai acontecer? Incerteza. A outra é se a responsabilidade é minha, individualmente, ou não? Quem é individualista é muito consciente de qual é a sua responsabilidade; e o que não é sua responsabilidade, é responsabilidade dos outros. Mas isso também tem a ver com Distância de Poder, porque quando você está numa posição de chefia, você se sente responsável por tudo o que está acontecendo. Numa sociedade de alta Distância de Poder, os chefes têm mais responsabilidade e por isso possuem também mais privilégios. Numa situação de treinamento (e você é a instrutora do treinamento, facilitadora ou professora), você é responsável, numa cultura de alta Distância de Poder. Numa cultura de baixa Distância de Poder, o professor não se sente responsável por tudo.

J: Tudo não, só pelo pedaço dele.

F: O pedaço dele é entrar e dar aula. Se a sala não está adequada, não é problema dele. É problema de quem é responsável por isso. É a combinação de baixa Distância de Poder e Individualismo. E quando é alta Distância de Poder e é Coletivismo, o professor se sente mais responsável por tudo. Se o projetor não funciona o professor se sente mal. Porque ele é a figura de autoridade ali, responsável por aquele grupo. Numa sociedade de baixa Distância de Poder e mais individualista, o professor não se sente responsável. "Isso não é problema meu. A empresa que está organizando isso é que tem que cuidar desse troço; e se não funciona, azar o deles." São sempre coisas assim...

J: É sempre uma combinação das dimensões. Agora, especificamente falando, você disse antes que não existe uma correlação entre contratação de seguros e alto Controle da Incerteza. Onde existe uma correlação interessante é com o número de farmácias. Quanto maior o CDI, mais farmácias na comunidade. Aí há também uma outra questão relacionada à saúde: existe uma tendência nas culturas de alto Controle da Incerteza de usar mais medicamentos. E por isso existem farmácias em cada esquina nesses países.

Lá em Porto Alegre, certa vez, passeando na Rua da Praia, que é uma das ruas principais de Porto Alegre, haviam quatro farmácias uma do lado da outra, duas de um lado e duas do outro, na mesma quadra. Mas isso não é privilégio do Brasil: na França e em outros países com alto CDI se encontram sempre muitas farmácias. Outra é o uso frequente de medicamentos. Uma terceira coisa se refere aos produtos de limpeza. Os países com alto Controle da Incerteza têm um consumo muito maior de produtos de limpeza. Isso também é uma coisa de prevenção, de evitar que o mal aconteça.

F: Esse negócio das farmácias e dos remédios também me parece que é uma coisa assim: "se eu vou lá e tomo uma aspirina eu já me sinto mais seguro." Mesmo que a aspirina não seja o que eu preciso tomar, mas o ato de ir facilmente numa farmácia encontrar algum remédio, tomar alguma coisa, isso parece que já acalma a ansiedade em relação à incerteza. Enquanto que nos países com baixo Controle da Incerteza existem menos farmácias, e as pessoas usam menos remédios.

16.   Humor

J: Um jeito divertido de trabalhar. Humor brasileiro..

F: É, mas não é só no trabalho...

J: Certo. Na minha experiência o humor no trabalho faz o trabalho mais leve. O mundo tem essa ideia de que o brasileiro gosta de se divertir e portanto, em termos de estereótipos, fica aquela ideia de que não se trabalha duro no Brasil, que é tudo só diversão e festa. Na verdade, se trabalha duro, se trabalha muito mais em termos de horários, se vai embora para casa tarde, muito mais tarde do que nos países da Europa.

F: *Work hard, play hard* (trabalho duro e muita diversão).

J: O brasileiro se diverte, trabalha duro e se diverte bastante, naquela linha de juntar o útil ao agradável. Isso é uma das coisas das quais eu sinto muita falta, na minha experiência de trabalho na Europa. Na Inglaterra, na Espanha, em Portugal ou na Holanda, as pessoas são mais sérias, naquela linha de que o trabalho fica bem separado da diversão. Quanto você trabalha, só trabalha; quando você vai se divertir, esqueça o trabalho.

F: Falamos nisso no outro capitulo.

J: Isso tem influencia neste aspecto também, de que o humor não é muito tolerado durante o trabalho, na Europa. No Brasil isso é uma parte integrante do trabalho.

F: Por que existe tanto humor no Brasil?

J: Para liberar a tensão. Existe essa tensão constante, com uma chefia autoritária, contra quem você não pode se arvorar a dizer o que pensa. Se você disser, vai ser demitido. Então isso é uma maneira de dizer as coisas brincando. Existe até a expressão de que se diz a verdade brincando.

F: É sabido que as culturas que têm alto escore em Controle da Incerteza, têm mais estresse. As pessoas se queixam mais de estresse, com mais frequência. Aquela coisa de que é tudo urgente e está tudo atrasado, isso tudo gera estresse. O medo do chefe, que tem poder divino, também gera estresse. Isso porque você não tem o controle da situação; o controle está em outra pessoa, no chefe, na autoridade. Além disso tudo, no Brasil, coletivista, os relacionamentos são mais importantes do que o trabalho em si; isso também está fora do seu controle. É mais difícil controlar o relacionamento do que controlar seu próprio trabalho, suas próprias tarefas. Tudo isso faz com que você sinta muito estresse, porque você não tem o controle total da sua vida. O controle está no chefe, o controle está no grupo e você não tem como controlar a incerteza. Você controla a incerteza com superstição, misticismo, religião; e de repente o humor também é um mecanismo inconsciente de controlar a incerteza. Isso é uma coisa que o Hofstede não falou: em humor. Embora o filho dele, o Gert-Jan, tenha escrito um artigo sobre humor e cultura. Ele fez um artigo extenso, científico, sobre humor e cultura, não muito conhecido. Só fiquei sabendo do artigo porque ele próprio me contou.

J: Ele te enviou?

F: Sim. Eu tenho uma cópia, é um artigo de 20, quase 30 páginas. E ele disse, na época, que o artigo foi rejeitado numa revista especializada. Aí ele mandou para outra, que acabou publicando. Porque justamente o pessoal do norte da Europa não gosta de artigos sobre humor. Eles não têm senso de humor nem mesmo para publicar um artigo científico sobre humor. Eu achei o artigo dele muito bom. Só que faltou dizer isso, que o humor é um mecanismo inconsciente para tentar controlar a incerteza e tentar liberar o estresse.

J: Eu vejo até menos o controle e mais a liberação. Para se sentir mais leve, de alguma forma. Você expressa com uma piada ou brincadeira aquilo que não está podendo expressar de outra forma.

F: Controle é um termo errado, na verdade o original é "evitamento" da incerteza, uma palavra que não existe em português. Isso se traduziu para Controle da Incerteza, mas a ideia é: como você evita a incerteza, esse sentimento da incerteza. Se fazem algumas coisas para evitar isso; e o humor é uma forma.

J: Quando se usa o humor, o estresse já aconteceu, você está liberando aquele estresse. Isso é um pouco diferente de evitar a ter o estresse, antes de acontecer. O humor é muito mais para se ver livre de uma coisa que está estressando você. Tem muito a ver também com a sexta dimensão, com a qual nós nem concordamos tanto, mas tem o aspecto de permitir a si mesmo se divertir. O brasileiro gosta disso também, de se permitir se divertir. Não é apenas um lado de só liberar estresse, mas também o lado de fazer o trabalho mais leve. De se fazer o ambiente mais informal, onde as pessoas se sentem livres para também brincar umas com as outras. Isso torna o ambiente mais gostoso e você tem vontade de ir para lá trabalhar.

F: Mas não só no trabalho?

J: Estou falando isso para o trabalho. Mas vamos ver em que outras situações de vida isso acontece.

F: Existe muito humor feito com tudo aquilo que acontece, por exemplo, no cenário politico. Qualquer assunto que seja noticia no cenário politico, logo vem uma brincadeira em cima. Qualquer noticia no âmbito esportivo também em seguida é motivo de brincadeira, que agora chamam de cornetagem. Isso de ficar gozando com a cara do outro, brincando de uma maneira até sádica. Os palmeirenses e corintianos, brincando de uma maneira passivo-agressiva com o outro, gozando da cara do adversário. Flamengo, Fluminense, Vasco e Botafogo no Rio de Janeiro, Grêmio e Internacional no Rio Grande do Sul e assim por diante, existe sempre essa coisa de ficar alfinetando o adversário por brincadeira. Eu associo ainda uma outra coisa: a minha família de São Gabriel, que sempre fez brincadeiras com tragédias.

J: Tangos e tragédias

F: É, tangos e tragédias. Contar piadas em velórios, contar piadas sobre velórios, até em velórios. Você vai no velório e conta piadas sobre velórios (risos) e acho que é tudo uma forma de tentar lidar com a tensão, com o estresse da situação. Quanto mais estressante a situação, mais se precisa usar algum mecanismo para diminuir esse estresse. No Brasil se usa muito o humor. A tal ponto que fica até chocante, às vezes. Não é todo mundo que gosta de humor. Convenhamos que, principalmente para um estrangeiro, alguém que chega de repente e vê todo mundo dando gargalhada num velório, isso é um negócio meio estranho. Ai vêm as pessoas e dizem que o Brasil não é um país sério... Eu digo sempre que não é um país sério porque é um país alegre, diferente. Não é no sentido de desonestidade, é mais no sentido de que se busca muito o humor e a brincadeira para poder lidar com o estresse de enfrentar assuntos sérios.

J: Tem também a coisa de rir de si mesmo: o brasileiro em geral não tem problema de contar uma piada sobre si mesmo, de rir das suas próprias desgraças, justamente.

F: Existem pessoas que têm problema com isso, outras não; mas, estatisticamente, a maioria dos brasileiros tem menos problema com isso do que, por exemplo, os alemães ou até os americanos. O americano tem muito aquela coisa de parecer sempre bem, de ver a si mesmo de forma positiva. As brincadeiras muitas vezes não caem bem. Acho que no Brasil, em geral, as brincadeiras caem melhor em comparação com outras culturas. No geral, no comparativo, ainda temos mais capacidade de rir de si mesmo do que aquilo que se vê em outras culturas.

17. Os políticos nacionais

F: Por que a política é do jeito que é no Brasil?

J: Qual é o jeito que ela é?

F: As pessoas se queixam dos políticos e de que todo mundo é corrupto. Mas isso tudo que se vê no Brasil, em todos os níveis, municipal, estadual, federal, tem tudo a ver com essas características da cultura. Começa que há grande Distância de Poder... então se atribui poder exagerado aos políticos... Se acha que eles é que vão fazer tudo. Ao invés de pensar que a economia depende de um grande pacto entre empresários, políticos e trabalhadores, por exemplo, não. Se acha o seguinte: a economia vai bem ou vai mal dependendo de quem é o Presidente da República. E na verdade não é o Presidente da República que faz tudo acontecer. "Ah, não, mas precisa ter uma política econômica... O governo vai determinar uma política econômica e daí as coisas vão funcionar." Isso é um engano. A nossa cultura confere esse poder todo à política. Em outros países, os políticos são muitas vezes "testas de ferro."

J: Assim, de empresas?

F: De empresários, ou de outros grupos sociais, de sindicatos, de investidores. Existem outras forças por trás dos políticos. No Brasil, há uma tendência de achar que o político faz o país ir bem ou mal. Na verdade, a situação é mais complexa, ela envolve outros jogadores nesse jogo e não só os políticos. Um dos problemas é que se atribui poder e importância demais aos políticos.

J: Existe também muita centralização. Se atribui muito poder aos políticos e o poder fica centralizado como um poder federal. A arrecadação vai toda para o Governo Federal, para então ele redistribuir. O dinheiro que se arrecadou vai todo para lá e aí isso é um volume muito grande, ele mexe com a cabeça das pessoas. E mexe com o poder de alguém que vai lidar com tamanho volume. Depois isso acontece também com o governo estadual, em relação aos municípios. Acontece a mesma coisa. Em diferentes níveis, há sempre uma centralização.

F: O que volta é muito pouco.

J: Isso não é saudável. E volta com distorções, com destino equivocado. Nem sempre focando no que deveria ser focado. E como é distribuída a renda, a arrecadação? Como são aplicados esses recursos?

F: Isso é típico de uma cultura com alta Distância de Poder. Existe excessiva centralização em função disso.

J: É curioso que a proposta inicial do PT era descentralizar, de trabalhar com as comunidades. Era uma coisa interessante, que trazia uma expectativa diferente.

F: Fazer o orçamento comunitário. Era uma forma de descentralização. Era um passo na direção certa, mas ao longo dos anos isso foi sendo abandonado e, porque a cultura é muito forte, passou a se valorizar mais a centralização. Em vez de descentralizar cada vez mais, se voltou a centralizar. E aí isso acabou estimulando de novo a corrupção.

J: Outro aspecto do que influi na política, claro, é o Coletivismo, é o relacionamento.

F: Essa combinação perversa de alta Distância de Poder, dando muito poder aos políticos, junto com o relacionamento, ou seja, o importante é de quem você é amigo, favorecem a corrupção. Você é amigo de quem? E as coisas se fazem por amizade, por relacionamento, e não por competência. É aquilo que se viu nas Olimpíadas: o que deu errado na organização? Muitas coisas deram certo, algumas deram erradas. As coisas que deram erradas, foram porque se deram concessões, por exemplo, para quem administrava as piscinas que ficaram verdes... para quem administrava a alimentação nos locais de eventos, em que a alimentação não funcionou...

J: E a segurança... o raio-x não funcionava...

F: Tudo isso foram concessões aliciadas, corruptas e feitas com base em relacionamento. Ao invés de procurar entregar essas coisas para um grande número de empresas e profissionais qualificados e...

J: Selecionar com base em competência...

F: Concorrências públicas julgadas por competência, por meritocracia ou alguma coisa assim... se deram as concessões para quem é amigo do fulano. O parente do dono da construtora foi o cara que ganhou as concessões da alimentação. E por aí vai. E aí as coisas não funcionam, porque não são distribuídas com base em competência, é com base no relacionamento. E os amigos ficam muito contentes, mas aí não fazem como devia ser feito. Toda a política está girando em torno desses relacionamentos e não em torno da competência. Um grande problema do PT foi a corrupção, o outro grande problema do PT foi a falta de competência. E por que essa falta de competência? Porque o relacionamento foi mais importante que a competência. Aliás, esse não é um problema só do PT. Isso é um problema de todos os partidos. Quando um partido sobe ao poder, ele então privilegia os seus correligionários, os seus amigos, as pessoas do seu relacionamento, em vez de buscar quem é melhor. E quando se faz um governo escolhendo pessoas mais competentes, aí se fala que é uma tecnocracia. "Ah, botaram um tecnocrata!" E é gozado, porque fica uma coisa pejorativa. O tecnocrata é visto como um sujeito frio, porque ele está baseando as suas ações na técnica, e não no relacionamento...

J: Sim.

F: O tecnocrata, em vez de ser visto de forma elogiosa, "que bom, o cara vai fazer aquilo que tecnicamente é o mais adequado," fica uma coisa pejorativa, "o tecnocrata vai impor...". Começa que é chamado de "tecnocrata." Ou seja, ele impõe com base na técnica. E tudo o que é imposto com base na técnica é visto como ruim. Por quê? Porque não leva em conta as amizades, não leva em conta os relacionamentos. Isso cria um círculo vicioso.

J: No caso dos partidos políticos, o relacionamento tem mais ainda o fato de que um acoberta o outro. Vamos dizer assim: "a gente te ajuda, e aí, em troca, também você nos ajuda." Fica uma coisa de ninguém se arriscar a atacar o outro, porque também corre o risco de ser atacado. Você jamais pode criticar um político aliado.

F: Uma mão lava a outra. E aí desemboca até nessa decisão curiosa do impeachment, em que o senado votou para afastar a Dilma, mas votou também para que ela não perdesse os direitos políticos. Uma forma de atenuar a pena e, de novo, uma coisa bem coletivista, de tentar manter a harmonia do grupo. "A gente remove ela do cargo, mas não vamos castigar demais;" então se encontra uma forma de atenuar a punição para que continue todo mundo bem e podendo se relacionar, de alguma forma, mesmo quando são oponentes. Mas é preciso preservar uma forma de continuar com o relacionamento. Depois foi repetido o mesmo procedimento ao julgar o afastamento de Renan Calheiros da Presidência do Senado: ele foi afastado da linha de sucessão presidencial, mas foi mantido na Presidência do Senado. O STF procurou atenuar a situação e evitar o conflito. O que isso tem de ruim é deixar o desempenho em segundo lugar, deixar a competência em segundo lugar.

J: E o que tem de bom é no sentido de deixar uma abertura para uma certa unidade suprapartidária. Em termos de governança do País. Porque é melhor que os partidos se falem. E é melhor que os partidos se entendam. Mas só que eles poderiam se entender e botar em primeiro lugar o desempenho.

F: Se evita confrontação, se evita o conflito. Embora isso ultimamente tenha ficado mais exacerbado, esse conflito de opiniões políticas. É curioso como tradicionalmente sempre se dizia que "o Brasil é um país em que se evita a revolução, se evita a confrontação. Existe tanta desigualdade, que já era para ter acontecido uma guerra civil, uma luta aberta de classes..." Mas o Brasil é um país de "bonzinhos", não é? O povo brasileiro é muito bonzinho, porque acaba não sendo violento. E ultimamente as pessoas têm contestado isso, têm dito "não, mas isso é balela. O brasileiro, na verdade, é violento, sim, porque olha só a criminalidade. Olha só o choque nas ruas quando pessoas anti-PT e a favor do PT começaram a se confrontar." Mas eu acho que, por comparação, a gente tem menos conflitos no Brasil do que em outros países, do que em outras culturas... Eu acho que ainda prevalece a turma do "deixa disso," Como você já disse várias vezes.

J: Estão surgindo mais conflitos do que há... sei lá, vinte anos atrás, talvez, ou trinta anos atrás, mas ainda é menos do que em outros lugares. Tem havido confrontação, mas mesmo na época da ditadura militar, em que houve prisões e torturas, houve menos mortes e torturas do que, por exemplo, na Argentina ou no Chile, onde morreram milhares de pessoas. Enfim... lá foi pior.

F: Nós continuamos com essa coisa de tentar evitar o conflito. Minimizar. Mesmo quando ele existe, vem alguém logo com um pano quente e tenta diminuir, atenuar. Só que o que é ruim disso tudo, na política, é que termina tudo em pizza, como eles dizem. Se fazem os discursos, se acusam... e no fundo, no fundo, quando chega na hora de punir... Com todo o negócio do Sérgio Moro e da operação Lava-Jato, prenderam um monte de gente, a maioria deles foi preso e depois solto. E não teve até agora nenhum político condenado durante seu mandato. O Cunha é um que está sendo processado, e o Delcídio é outro processado, mas já estão agora falando que o Delcídio também vai recorrer ao Supremo Tribunal, porque já que atenuaram a pena da Dilma, ele quer que apliquem o mesmo princípio a ele. De que ele pode ter seu mandato cassado, mas não deve ter os seus direitos políticos cassados também. Ele poderia se candidatar de novo ao invés de perder os direitos políticos por oito anos. E até o Collor também já falou "bom, mas foram injustos comigo, porque no meu caso...".

J: "Eu tive os direitos cassados por oito anos."

F: Enfim... Existe essa prática e fica difícil a cultura aceitar que efetivamente se castiguem os culpados. Na política, e também nos crimes em geral. Por um lado, as pessoas ficam querendo "precisamos prender os bandidos" e tudo, mas tem uma grande parcela da população que defende os bandidos. Que diz "não, espera aí, mas tem que ver exatamente o que aconteceu... e eles são vítimas da sociedade..." Tem um lado da cultura que procura evitar o conflito, sempre. Nós podemos não gostar disso, mas a verdade é que acontece com frequência.

18. Alguns pensam que são Deus; os juízes têm certeza

F: O que se pode dizer sobre o judiciário brasileiro, considerando os aspectos culturais? O título desse capítulo, sem dúvida, é um reflexo da Distância de Poder. Quem tem a autoridade para julgar, para dar a decisão final sobre questões e fazer um juízo, dizer o que é certo e errado, tem muito poder. Em qualquer cultura, os juízes têm muito poder. Numa cultura de alta Distância de Poder, isso é ainda mais exagerado. Essa é uma característica da cultura brasileira, por isso os juízes ficam dando "carteiraço", quando são pegos numa blitz de fiscalização do trânsito. Como se vê naquele vídeo que viralizou: O guarda fala: "o senhor tem razão", e o juiz fala: "senhor, não! Eu sou 'Vossa Excelência'. Eu trato o senhor de 'senhor'. Mas o senhor tem que me tratar de 'Vossa Excelência', porque eu sou Juiz."

Mas um outro aspecto sobre o judiciário que eu queria abordar é por quê a justiça é tão demorada... Por quê os processos judiciais são tão demorados, no Brasil? Isso é uma outra característica brasileira. Os processos se arrastam. Eles demoram muito. Recentemente, houve toda uma reforma do código dos processos judiciais, para tentar acelerar esse andamento, mas por que é tão devagar?

J: Há uma ligação com a questão do Coletivismo, que é a seguinte: a quem interessa que um processo demore? Os processos demoram mais, ou demoram menos, de acordo com os interesses dos amigos dos juízes e dos poderosos. E também pode haver corrupção: alguém paga para aquele processo correr mais lento, ou entra o relacionamento... ou até ambos. Você age de acordo com o seu amigo, ou com a sua família, depende de quem você está querendo proteger.

F: O processo é demorado por uma conjunção de fatores. Falamos em Distância de Poder e em Coletivismo. Além disso, há também o Controle da Incerteza, de tentar ter certeza de que tudo esteja direitinho conforme a lei. Existe um cuidado, talvez até excessivo, em garantir que o processo esteja realmente correto. Para julgar, o juiz tem que examinar o processo, e ele precisa demorar para examinar o processo, para não se arriscar a fazer um juízo errado. O processo, em si, já é um processo muito extenso no Brasil. Existem processos de 500 páginas, 700 páginas, 800 páginas por coisas relativamente pequenas. Os processos são muito extensos. Imagine um juiz ter que ler, em cada processo, centenas, ou até milhares de páginas, e com essa preocupação de fazer a coisa certa, de olhar para o detalhe. Então, isso é um aspecto. O outro aspecto é o que você falou do Coletivismo. No Brasil, é comum uma das partes interessadas ter interesse, não em acelerar, mas ter interesse na demora. Se as coisas são de um determinado jeito, é porque a alguém interessa que assim sejam. Se a justiça é demorada no Brasil, é porque alguém tem interesse em que ela seja demorada.

J: Várias pessoas têm interesse nessa demora.

F: Os poderosos, que são bem relacionados, têm interesse em que a coisa não ande. Muitos juízes acabam deixando as coisas andar devagar, de propósito, simplesmente postergando. Todos os processos que existem contra políticos.... Contra deputados, senadores, governadores... a quantidade de processos é incrível! Quando surgiu a questão do impeachment da Dilma, veio à tona que a maioria do Congresso Nacional estava sofrendo processos. E por que esses processos não são rapidamente resolvidos, então? Porque eles têm interesse em não resolver, porque aí entra de novo o Controle da Incerteza, pode ser que a decisão seja contrária a eles. Então, pelo sim, pelo não, deixa demorar. Tudo isso incentiva o judiciário a demorar.

J: O meu ponto do Coletivismo e do relacionamento é que, na cultura brasileira, e nas culturas onde se tem, ao mesmo tempo, uma alta Distância de Poder e Coletivismo, o Coletivismo é uma forma de poder lidar com o poder: usando o relacionamento. Por exemplo, uma pessoa que não é poderosa no sentido de um cargo político, ou que não é rica para ter poder financeiro, ela pode influenciar de alguma forma um juiz porque é seu parente. Entra na frente o relacionamento. Até na frente da Distância de Poder, o relacionamento pode interferir.

F: Eu posso não ter poder, mas eu sou vizinho do juiz, e sou amigo dele...

J: É, amigo. Vizinho só, não chega...

F: Sim, eu quero dizer assim, se existe um relacionamento que não é de poder, mas é ou por parentesco...

J: Amizade...

F: Amizade, vizinhança... "ah, nós somos colegas de ginásio"...

J: É, "nos conhecemos há vinte anos"... Eu vou ajudar o fulano. Nesse caso pode entrar o relacionamento, não necessariamente só a Distância de Poder.

F: Isso tem a ver com todo o judiciário, desde as primeiras instâncias até o Supremo Tribunal Federal. O problema é sistêmico. Então eles vão decidir em função dos seus relacionamentos?

J: Em muitas vezes, é verdade. Ter isenção é uma coisa mais difícil na nossa cultura.

F: A comparação com outras culturas ajuda a entender esse fenômeno. Por exemplo, nos Estados Unidos, os juízes da Suprema Corte têm posições políticas já conhecidas... assim, do tipo: "o cara é conservador. O outro, o fulano, ele é liberal". Em função das suas posições políticas, já se prevê qual é a atitude que eles poderão ter em relação a determinada questão. Se o juiz é conservador, então ele vai dizer "não" para esse processo que envolve, sei lá, a liberação do aborto. Enquanto que o outro, "esse juiz aí é liberal, então ele vai decidir a favor da liberação do aborto". Mas em nenhum momento se fala nos relacionamentos. Nessas culturas, não se diz assim "fulano é peixinho do Clinton, então, por isso, ele vai decidir desse jeito". Não. "Beltrano, ele é amigo do George Bush, então vai decidir daquele jeito".

J: Mas não se fala isso deles?

F: Não, o que se fala sempre é a posição política. Nós vimos no filme sobre a vida do Dalton Trumbo, aquele roteirista de cinema acusado de ser comunista nos anos 50. Eles disseram "nós vamos ser condenados em primeira instância, mas aí a gente recorre e vai para a Suprema Corte; lá, são nove juízes, cinco são liberais, quatro são conservadores. Então, lá nós vamos ganhar". Só que daí...

J: Sim, morreu um...

F: Morreu um dos cinco liberais. E como o governo era conservador, eles já sabiam que o substituto que seria designado pelo Presidente, seria um conservador, e aí ficaria por cinco a quatro contra eles. Mas eles não falam em termos de relacionamento... eles falam em termos de posição política. Ser conservador ou ser progressista. Ou liberal.

J: Sim, mas recentemente, na disputa entre a Hillary Clinton e o Donald Trump, se ouvia falar: "tal pessoa é a favor desse ou a favor daquele". Mesmo o pessoal que está ligado ao governo ou à justiça.

F: Sim, mas estou falando do judiciário.

J: Pois é. Mas eu digo mesmo no judiciário, eles se manifestam a favor de um ou de outro, não?

F: Não em termos de relacionamento. E, sim, em termos de ideias.

J: Posição política.

F: Esse é conservador, então vai estar mais com a posição conservadora do Trump; esse é liberal, vai estar mais com a posição progressista, digamos assim. Mas eu não vi as pessoas mencionarem "esse cara é amigo do Trump", "esse outro juiz, ele é amigo da Hillary". Pode ser até que sejam, compreende? Mas não é isso que a cultura americana fala. Na nossa cultura, nós procuramos o relacionamento. Nós olhamos para o que está acontecendo nos Estados Unidos e a primeira coisa que nós pensamos, é: "esse aí deve ser amigo da Hillary", "aquele ali deve ser amigo do Trump", mas os próprios americanos, quando falam disso, eles não falam em amizades ou relacionamentos... eles falam em posição política. Não estou querendo dizer que nos Estados Unidos é melhor ou pior do que no Brasil, estou apenas descrevendo a diferença.

Existe um outro aspecto que está ligado à Orientação para o Desempenho versus orientação para cuidar dos outros (DES). Existe uma tendência, no Brasil, de tentar proteger quem entra como vítima num processo judicial. Isso nós vimos há pouco no caso que acompanhamos com um cliente nosso.

J: Não podemos falar os nomes...

F: Nesse processo judicial, a parte ofendida entrou com um processo contra a outra parte, por não pagamento de valores devidos e não cumprimento do contrato, em termos da qualidade e quantidade dos serviços combinados. A defesa da outra parte foi se colocar numa posição de vítima. Em vez de se justificar e dizer: "nós deixamos de fazer isso por tais motivos..." a defesa foi na linha de: "nós somos vítimas, nós não fizemos nada de mal."

J: "Nós deixamos de pagar os direitos devidos, mas não fizemos mais nada de ruim. Fizemos não sei quantos erros, mas nada mais de ruim".

F: Tentaram se colocar numa posição de vítima, e colocar o acusador como malvado, excessivamente exigente, como um carrasco. É muito comum, no Brasil, quem critica, quem acusa, ser considerado o vilão; e as pessoas ficarem com pena do acusado. É verdade que nos

Estados Unidos acontece menos, porque os Estados Unidos estão claramente mais voltados para...

J: Desempenho.

F: Então existe menos pena das vítimas. O Brasil tem um pouco mais, comparado com os Estados Unidos, mas em comparação com a Holanda, por exemplo, na Holanda existe muito mais pena das vítimas do que no Brasil.

J: E temos ainda a quinta dimensão (OLP), que é disciplina versus flexibilidade. Eu acho que isso influi no judiciário também com aquela coisa, de novo, do "jeitinho". Ou seja, a lei diz isso, mas a gente pode fazer diferente, em função do relacionamento, como já falamos. Se procura uma interpretação que seja favorável aos amigos ou a quem tem poder.

F: A flexibilidade nesse caso serve ao mal. Ou seja, vamos ser flexíveis para não cumprir a lei e deixar que os meus amigos levem vantagem. Aí a flexibilidade é usada no mau sentido.

J: Uma outra coisa do judiciário, é que como não existe muita Orientação para Desempenho, também não existe muito incentivo cultural para fazer as coisas de forma mais rápida e eficiente. Ter um desfecho ou ter um resultado rápido, isso fica em plano secundário.

19.   Corruptos são eles, não eu

F: Vamos falar de...

J: Corrupção.

F: Vamos falar deles, então, e não de nós. Corruptos são eles, e não nós.

J: E não nós! (risos)

F: Todo mundo fala isso.

J: E sempre como sendo uma outra pessoa. Mas não se dando conta do seu pedaço.

F: Das suas próprias pequenas e grandes corrupções.

J: Para começo de conversa, corrupção é uma coisa para a qual é difícil de se estabelecer um parâmetro. Porque, justamente, as culturas têm parâmetros diferentes. Uma coisa que pode ser totalmente normal numa cultura, como você aceitar o favor de um amigo para resolver um problema, pode não ser bem vista numa outra cultura onde as coisas são um pouco mais restritas. Existe uma diferença grande, que vai para o lado da corrupção, quando se faz um pagamento de propina. É quando aquilo que era, assim, um jeitinho brasileiro, um jeitinho de resolver um problema com a ajuda de um amigo, ao invés disso você se vê pagando alguém para fazer alguma coisa para você.

F: No Brasil, digamos assim, quando envolve dinheiro, aí é claramente corrupção.

J: Claramente corrupção. Contudo que o despachante (risos), é um grande corrupto.

F: Diria que é mais um corruptor. É uma corrupção institucionalizada.

J: Você paga um despachante...Para ele despachar o assunto.

F: E, na verdade, o que ele vai fazer é o que você deveria estar fazendo diretamente.

J: Ou também vai fazer aquilo que a instituição deveria estar fazendo de uma maneira mais eficaz.

F: Mais fácil.

J: Mais fácil, mais rápida, mais eficaz. E você, na verdade, quer ir lá burlar a regra para conseguir um resultado melhor, ou mais cedo.

F: O despachante não necessariamente envolve corrupção em termos de conseguir um favor para passar o seu caso na frente dos outros, às vezes ele é somente um intermediário.

J: Sim, um intermediário para aquela pessoa que não quer o trabalho de preparar a papelada por si mesma, ir na instituição, ficar na fila... Realmente, muitas vezes é só isso. Mas, muitas vezes, a pessoa que está contratando o despachante fecha o olho, porque sabe que lá na instituição ele vai pagar alguém para os resultados serem mais rápidos.

F: Vai passar na frente dos outros na fila. Vai ser atendido fora da fila... Porque ele vem com vários casos.

J: E já tem o seu conhecido lá dentro da instituição.

F: Já que ele cobra um valor dos seus clientes como despachante, ele tira um pouco daquele valor e paga para alguém dentro da instituição dar um tratamento diferencial... Para os seus casos. Ou para ser mais rápido, ou para poder passar na frente da fila. Ou até para conseguir uma coisa que talvez fosse negada, se não pagasse. Conseguir uma licença que não seria, normalmente, concedida, ou pela falta de um documento. E o cara assim mesmo consegue que concedam ou que deem aquilo que se está solicitando, mesmo faltando um documento.

J: Agora, também como você falou, quando envolve o pagar para alguém, fica uma coisa clara de corrupção. Quando você tem, por exemplo, um cliente para quem você oferece um tíquete para ir assistir o desfile de carnaval...

F: Quando acontece uma espécie de troca de favores em vez de pagar dinheiro, aí, muitas vezes, a gente acha, no Brasil, que isso não é corrupção. Mas, claramente, em outros países é considerado...

J: Um estrangeiro de uma cultura que tenha regras mais restritas, pode considerar, por exemplo, que você dar um tíquete para clientes irem num camarote assistir o desfile no carnaval, serem levados de limusine... Que isso é corrupção. No Brasil não é considerado, várias empresas oferecem isso. Qualquer coisa que seja um brinde simples, mas bonito, ou levar um cliente para jantar num restaurante fino, tudo isso é considerado OK. Agora, se você oferece um carro de presente para o cliente, aí está claramente andando para o lado da corrupção.

F: É uma questão do tamanho do valor. Me lembra aquela velha piada do Juca Chaves, dele falando com uma mulher no avião e perguntando se ela dormiria com ele por um milhão de reais. E ela fica meio chocada, e para e pensa e conversa um pouco e, no fim, "Bom, talvez", não é? E ele diz: "E por cem reais?" Aí ela diz, indignada: "Claro que não! Você acha que eu sou prostituta?" Ele diz: "Bom, isso nós já estabelecemos na primeira pergunta".

J: (RISOS)

F: Ela tinha topado por um milhão, não é? Então, fica uma coisa semelhante o discutir a corrupção.

J: Do valor. Qual é o seu preço?

F: Nós tínhamos um gerente de agência, num banco em que eu trabalhava, e o cara ganhou de comissão um Jeep, de uma empresa cliente. Isso me parecia uma coisa de corrupção. No entanto, eu conheço um gerente do Banco do Brasil, e todos os gerentes do Banco do Brasil passavam pelo mesmo: costumavam receber dos seus clientes uma garrafa de whisky ou, às vezes, uma caixa de garrafas de whisky a cada Natal, como presente de fim de ano. Esse gerente enchia a sua casa de garrafas de vinho, de whisky e outras bebidas, que eram sempre brindes de fim de ano. Recebia de todos os empresários clientes da agência e aquilo não era considerado corrupção. Mas em alguns países seria, sem dúvida, considerado corrupção.

J: Especialmente uma caixa, não é? (risos)

F: Não, mas uma vez ele ganhou um aparelho de ar-condicionado.

J: É, aí já...

F: De uma empresa que fabricava esses aparelhos de ar-condicionado e que era cliente corporativo do banco. Resolveram dar um ar-condicionado para ele de brinde. Onde é que você define o limite? Caneta pode, mas desde que não seja uma caneta Cartier?

J: Não é fácil de estabelecer. Mas aqui nós estamos falando dessa questão de diferenciar entre eu e os outros. O que se vê nos outros é mais fácil de achar que é corrupção. Especialmente quando se fala da classe dos políticos ou em situações que você vê, claramente, que está havendo corrupção. Mas as pessoas também facilmente aceitam pequenas coisas, como pagar para ganhar a sua carteira de motorista. Ou também como uma pessoa me contou: "eu queria trazer do exterior uns materiais médicos que são muito caros. Aqui no Brasil está se vendendo pelo dobro do preço do que é nos Estados Unidos. Sabe o que eu faço? Eu viajo para lá e boto na minha bagagem, distribuo vários dentro dos meus *nécessaires* diferentes. Agora eu tenho que fazer isso assim, porque, há um tempo atrás, eu podia fazer diferente, pagava para uma pessoa..."

F: Na alfândega.

J: "Para deixar passar, dava um dinheiro. E aí um colega me disse, 'Márcia, você não faça isso! Você não faça isso porque você pode ser presa, hoje em dia as regras estão mais duras e tal.'" Então, ela começou a fazer diferente e trazer tudo escondido na bagagem... Mas, ao mesmo tempo, não se dá conta que...

F: É contrabando!

J: E ela estava pagando alguém para...

F: Corrompendo, subornando.

J: Esse é um outro lado interessante. É mais ou menos como os americanos, quando estabelecem que dentro do seu território eles não podem torturar, mas fora, em outros países, eles podem... Fazendo uma analogia: muitas empresas quando vêm para países ditos mais corruptos do que o seu próprio como, sei lá, vamos pegar a Alemanha, a Holanda, uma série de países que, dentro daquele index da transparência internacional, estariam como menos corruptos. Mas aí, muitas vezes, as corporações quando vão para outros países se sentem assim...

F: Se permitem.

J: Se permitem corromper. E não se questionam tanto quanto se questionariam no seu próprio país. A corrupção sempre tem dois lados. É importante para quem vem para o Brasil ter muito claro os seus princípios, mesmo que isso possa significar perder um negócio. Se você está sendo chamado a corromper, você também tem que pensar nesse seu lado, de ser o corruptor.

F: Sem dúvida. Voltemos um pouco para a questão do "corruptos são eles e não eu." É uma coisa bem do Coletivismo, mais uma vez sintetizada naquela frase: "para os meus amigos tudo e para os outros os rigores da lei." Quem é meu amigo está fazendo comigo troca de favores. Não é corrupção. Agora, corrupção é o que os outros estão fazendo. Mas não o que os meus amigos fazem.

J: Faça o que eu digo e não o que eu faço.

F: Como aquela história de dizer que negociata é o bom negócio do qual você não faz parte. Se você faz parte do negócio, você chama isso "um bom negócio" e não uma negociata. Essa coisa é muito do Coletivismo: o que está acontecendo com o meu grupo é válido. Não é crime, não é corrupção. Mas o que está acontecendo com os outros grupos é criminoso, é condenável. Porque estão fora do meu grupo.

J: É que dentro da cultura coletivista existe muito essa questão do "nós" e "eles." Para os meus tudo, para os outros a lei.

F: Agora está todo mundo reclamando no Brasil da corrupção: "vamos acabar com isso!" Mas se confunde isso com política partidária. Fica de novo assim: um grupo contra outro grupo. E não, simplesmente, o grupo das pessoas honestas querendo que se acabe com a desonestidade. Quem é do PT releva o que está acontecendo dentro do PT porque é do PT, porque é do nosso grupo. E aí, a defesa é assim, "Mas no PSDB também tinha corrupção". Então, fica de novo uma coisa de um grupo contra outro grupo e esquecem o essencial: isso é honestidade versus desonestidade. Isso fica secundário e quem é acusado logo fala: "e os outros"? "E o meu grupo, como é que o meu grupo se compara com os outros?" e acabam esquecendo a questão central, que é a corrupção.

J: Exato.

F: É isso que deveria ser execrado por todos. Mas como dentro do Coletivismo fica essa coisa de que é importante o relacionamento, a troca de favores e ajudar o outro, isso aliado à flexibilidade acaba facilitando muito a corrupção.

J: Existe uma tolerância muito grande para o improviso, inclusive improvisar a corrupção.

F: É muito difícil acabar com isso. Mesmo quando alguém está numa posição de comando, na presidência de uma empresa, um chefe de polícia, tentar acabar com isso é difícil. É lógico que precisa acabar, deve-se continuar lutando por isso, mas, realmente, é muito difícil porque está muito arraigado. E muitas pessoas não se dão conta da sua parte nisso, daquilo que elas fazem, que cada um faz.

J: No microcosmo falta cada um dar conta do seu pedacinho de participação em corromper alguém, ou de se deixar corromper. Cada um precisa cuidar do seu pedaço.

F: O jovem pode ir para a rua protestar; mas ele está, por exemplo, baixando um filme no computador usando um *site* pirata, sem pagar *royalties*. E acha isso a coisa mais natural do mundo. E não vê que isso também é uma transgressão, uma forma de corrupção. Você copiar alguma coisa ilegalmente é considerado normal.

J: A mudança é pela educação. Temos que salvar as crianças. Porque é preciso começar com uma educação diferente. Para que se criem novas gerações com uma visão diferente.

F: Eu me lembro quando eu era pequeno, na escola, e a maioria dos meus coleguinhas colava nas provas. E queriam colar de mim e eu não colava e não dava cola. Mas eu era, então, o chato. Se eu não desse cola. Quem não dá cola é chato. E é execrado e isolado pela turma. Fica uma coisa de coleguismo. Coleguismo significa que você mente para encobrir alguma contravenção dos seus amigos e que você ajuda os seus amigos mesmo quando eles estão trapaceando para passar na prova. Não é? Então o coleguismo, o relacionamento, o Coletivismo, isso é considerado mais importante do que qualquer tipo de norma, é mais importante do que ser honesto.

J: Isso, realmente, é complicado. Para mudar, precisa mudar desde a educação de base, não é?

F: Não só na escola, mas em casa, na família.

J: É preciso mudar a educação de uma maneira geral.

20. *Stop and go*: mudou a prioridade

F: Essa coisa de ir à toda velocidade e de repente parar; e depois ir à toda velocidade, de novo... e parar de repente. Eu vejo isso em várias empresas. Vai tudo a todo vapor, e "precisa fazer tal coisa" e "tem que ser pra ontem", "tá tudo atrasado", não é?

J: É tudo urgente... E daqui a pouco... cai... (risos)

F: De repente: para tudo! "Não, agora não dá;" "agora vamos esperar tal coisa..."

J: É que entra outra coisa na frente. Eu relaciono isso principalmente com a hierarquia.

F: Sim, com as vontades do chefe.

J: Ou dos chefes, ou de quem está dirigindo a estratégia da empresa; alguém que pensa numa direção e daqui a pouco muda de ideia e tem o poder para dizer: "Para tudo agora!" "Larga isso aqui e vamos ver aquilo ali!" E é outra direção, pode ser na direção oposta, inclusive... E aí todo mundo para o que estava fazendo, pois deixou de ser a prioridade. A prioridade agora é outra... As prioridades mudam com muita frequência. E é uma mudança súbita, brusca.

F: Tem muito a ver com empresa de dono. Mesmo que não seja de dono, empresa em que o chefe tem tanto poder, que o que vale é simplesmente o humor dele.

Se ele quer ir adiante, a coisa vai; e se, de repente, ele muda de ideia ou fica preocupado com outra coisa, de repente para tudo. Em outras culturas isso não acontece porque existe mais compromisso com manter uma certa constância, uma certa consistência. Antes de mandar parar tudo, o chefe pensa duas vezes, porque, afinal de contas, não depende...

J: Só dele...

F: E existem uma série de implicações para toda uma estrutura, para várias pessoas e tal, enquanto que numa cultura hierárquica, como a brasileira, o cara não pensa nessas consequências. Ele é o chefe, ele manda, ele resolveu que agora não quer assim, quer assado e não pensa nas consequências.

J: Não vamos dizer que não pense. Pensa nas consequências, mas não acha que sejam importantes; vê que é isso que gostaria de fazer e tem o poder para tomar essa decisão sozinho. Essa é uma grande diferença. Eventualmente, numa outra cultura menos hierárquica, existem mais pessoas para tomar a decisão juntos, então o sujeito tem que convencer os outros. E se aquilo que ele quer está indo contra a estratégia, ele nem tem esse poder para mudar.

F: Ou não consegue convencer os outros.

J: Na cultura brasileira, hierárquica, as pessoas também não se arriscam a questionar demais.

F: Ninguém questiona.

J: Ninguém vai questionar o poder do chefe. As pessoas podem até achar que essa não seria a melhor decisão, ou não seria o melhor momento, mas... isso é sempre delicado de ser questionado. Pode até ser questionado, mas é delicado...

F: As pessoas resmungam muito... mas não confrontam o chefe.

J: ...na cultura brasileira.

F: Elas reclamam entre si: "O chefe agora quer fazer aquilo. Imagina! Isso é um absurdo!" Mas ninguém diz isso para ele. Ninguém tem coragem de confrontar ou de aconselhar diferente. E quando se tem um ambiente onde vários agentes econômicos estão agindo dessa maneira, mudando bruscamente, um acaba influenciando o outro.

J: Gera mais mudanças bruscas nos outros.

F: Se um chefe resolve, de repente, mudar a estratégia e isso significa ele cancelar pedidos que já foram feitos... a outra empresa que ia entregar os pedidos também, por causa do cancelamento...

J: Precisa mudar...

F: Isso tem um efeito amplificado.

J: Quando várias empresas começam a agir assim, dessa forma meio intempestiva, de uma hora para outra mudando tudo, elas acabam provocando mudanças até em quem não tinha vontade de mudar, na cadeia produtiva.

F: Isso torna o mercado muito dinâmico, dinâmico até demais... (risos).

J: E os empresários ficam se queixando de que eles querem continuidade, eles querem estabilidade para fazer investimentos de longo prazo...

F: É difícil pensar investimentos de longo prazo se as coisas estão mudando com muita frequência...

J: Que papel teria o relacionamento nessa dinâmica?

F: Acho que o relacionamento entra nesse esquema de que se alguém resolve "agora temos que parar com tal coisa", pode ser que os aliados, os amigos desse empresário, também deem apoio a isso. E como o relacionamento é uma coisa pessoal e emocional, também pode haver uma briga repentina, por exemplo. Por causa de uma briga, isso pode mudar tudo. Ou ainda: um pedido de um amigo que não se pode recusar.

J: A continuidade do plano, da estratégia, é secundária. Ela depende do humor do chefe, que pode mudar a qualquer hora e depende dos relacionamentos do chefe também.

F: Que são mais sujeitos a chuvas e trovoadas, numa cultura coletivista e flexível.

J: Bom, se explique com chuvas e trovoadas... (risos)

F: Sim, há coisas inesperadas que afetam aquilo que se tinha planejado fazer.

J: A OLP e o CDI têm influência também. As outras dimensões também influem nessa facilidade de mudar para um lado, outra hora vai para o lado oposto.

F: O Controle da Incerteza, eu concordo que também afeta, em termos de ter pressa, por um lado; e por outro, de também ter medo de riscos. "Precisamos mudar, porque existe um risco." Quando aparece um risco, esse risco pode provocar uma mudança, ao invés de "nós vamos manter o plano, porque a gente já tinha pensado nos eventuais riscos." Eu acho que existem reações mais emocionais: se acontece uma mudança no ambiente político-econômico, você acha melhor segurar tudo e esperar para entender as consequências daquilo que mudou.

J: Mas isso acontece também em qualquer cultura, não é? Uma mudança do ambiente pode provocar uma necessidade de mudança de planos. Você acha que, na cultura brasileira, isso é mais frequente? Ou as pessoas, antecipadamente, já tentam evitar o risco? Mesmo que ele possa não ser tão grande? O que seria diferente de uma cultura com menos Controle da Incerteza?

F: Existe menos urgência e as pessoas refletem mais antes de mudar. No Brasil tudo é urgente e tudo está atrasado. Tem a hora do "para tudo!" e aí tem a hora do "agora, então, nós vamos retomar aquilo" só que aí...

J: Já estamos muitos atrasados.

F: Retoma para ontem, estamos atrasados... "A gente parou, então na hora de retomar temos que recuperar o tempo perdido!"

J: Aí é que acontece o virar a noite, não é? Aí é preciso virar a noite para resolver o problema, então passa a ser tudo urgente.

F: Se fosse mantido o plano original, não precisava virar a noite... Mas como se parou, lá pelas tantas, por um motivo qualquer, pelo humor do chefe, pelo relacionamento do chefe, por dependência do governo também... Eu tenho a impressão de que na economia brasileira existe uma dependência exagerada do governo. Quando o governo para, ou quando o governo muda de estratégia, o empresariado todo fica na expectativa do que vai acontecer e as empresas param de trabalhar, praticamente. Em ano de eleições, é porque depende de quem vai ganhar as eleições. Acho que existe uma dependência excessiva de quem está no governo.

J: E por quê é tudo tão urgente?

F: Está tudo atrasado por causa do vai e vem, do para e anda. Por causa da falta de planejamento. E aí, quando resolvem fazer, é preciso recuperar o tempo perdido. Começou tarde... passa a ser urgente. Veja o que ocorreu com a emissão de passaportes, em meados de 2017.

J: Aquilo foi um escândalo! Alguém deve ter ganho dinheiro com aquilo.

F: Pararam de emitir passaportes por 45 dias, "por falta de verba." Como pode? Cadê o planejamento? Aí, parou tudo. Votaram uma verba especial no Congresso e a Casa da Moeda prometeu "trabalhar 7 dias por semana, 24 horas por dia," para recuperar o atraso. Ou seja, ficou urgente. Só que, nesse regime de urgência, tiveram que pagar adicional noturno, horas extras... Saiu muito mais caro do que se seguisse um cronograma normal. Depois vai faltar verba de novo...

J: Mas é que existe esse senso de urgência, que a gente não vê, por exemplo, na Holanda. As pessoas não têm pressa. Para quem tem um senso de urgência um tanto acelerado, exagerado como os brasileiros, chega a ser irritante. As pessoas na Holanda não têm esse senso de urgência. "Vamos tentar fazer o mais rápido possível para o cliente." Não existe isso, na Holanda.

F: O senso de urgência está ligado também a uma valorização do desempenho. Na Holanda, o senso de urgência é baixo porque o desempenho é secundário. Se eu não satisfizer o cliente, azar do cliente. O problema é dele... Não vou me estressar por causa de um cliente. E, no Brasil, a valorização do desempenho está mais alta do que na Holanda, está mais equilibrada em relação à qualidade de vida. A Distância de Poder também influi: existe medo do cliente, existe medo do chefe. Se eu não atender um cliente importante, posso perder o emprego, vou ser punido. Os prazos são muito temidos no Brasil. É uma coisa curiosa. Não se planeja, as coisas estão sempre atrasadas, mas o estresse de que é tudo urgente... "isso aqui tem que ser entregue hoje"... não pode esperar até amanhã. Por quê? Porque o chefe pediu. Porque o cliente está esperando. Os holandeses dizem assim: "eu vou entregar amanhã, não vou entregar hoje." "Mas o cliente está esperando!" "Pois o cliente pode esperar até amanhã!" "Mas o chefe quer que isso seja feito hoje!" "Mas hoje não vai dar!" Não tem aquele medo do chefe, medo do cliente, que provocam urgência.

J: Outra perspectiva que se soma a essa, é a da empatia. O brasileiro tende a ser empático, mais do que se vê no holandês. No Brasil, você entra no taxi com pressa e o motorista imediatamente vai comprar o teu problema e vai tentar junto contigo resolver o problema para que você chegue logo... e vai xingar o pessoal do trânsito, vai sair correndo. Há essa tendência de comprar o problema do cliente. Se o cliente está com um problema, preciso entregar... temos que fazer! Essas duas perspectivas são importantes: o fato de temer o cliente ou temer o chefe, enfim, aquele que tem mais poder do que você, mais autoridade do que você; e a empatia.

F: Você tinha mencionado antes, o imediatismo.

J: É esse senso de urgência, de fazer tudo para já. De haver menos planejamento. Contudo que sempre existe um certo plano que não é posto no papel, mas que é o plano "B" ou plano "C."

F: Existe ainda uma coisa curiosa. Eu tive uma discussão sobre o trabalho de varejo nos bancos. Eu estava falando sobre estratégia de varejo e a necessidade de planejar no longo prazo e de desenvolver uma estratégia para o varejo. Uma pessoa me contestou dizendo: "não, varejo não tem nada a ver com longo prazo. É tudo imediato. Tem que sair correndo e resolvendo as coisas na hora." Me dei conta de que as pessoas no varejo geralmente pensam em termos do imediatismo do dia a dia e não da estratégia. Pouca gente pensa em estratégia de varejo. As pessoas que estão trabalhando no varejo, em geral, não têm visão estratégica. Elas têm essa visão imediatista, de que é preciso resolver o problema do cliente. O cliente pediu uma coisa, aconteceu uma coisa errada e nós precisamos resolver hoje. É tudo assim, apagando incêndios no dia a dia, de hora em hora. Quando vem alguém e diz "nós precisamos ter uma estratégia de varejo" as pessoas acham estranho, elas não pensam em estratégia. O *stop and go* se perpetua.

J: Ou até nem param muitas vezes para olhar os problemas que estão acontecendo no dia a dia, e imaginar como é que eles poderiam ter uma solução mais de longo prazo. Aquele problema que te acontece todos os dias, se você fizesse uma determinada ação, seria evitado. Mas é assim, fica essa sensação de ficar assoberbado, com coisas demais... que mal se consegue dar conta do que está em torno de ti. É uma coisa interessante, porque vivendo no Brasil eu também tinha exatamente essa mesma sensação. E agora, vivendo na Holanda, eu vivencio essa coisa de pensar um pouco mais adiante, um pouco mais planejado. Isso dá uma tranquilidade maior para o teu dia a dia, inclusive. Houve uma mudança grande na maneira como eu trabalho.

F: No Brasil, nós até fizemos um seminário de planejamento para os gerentes de fábrica de um cliente, e eles diziam: "a gente não consegue planejar porque a gente não tem tempo pra planejar". Eu contei aquela historinha do lenhador que está derrubando uma árvore, mas o machado está sem fio, e a garotinha observa ele e diz assim: "se você parar de cortar a árvore e afiar o machado, vai conseguir cortar a árvore muito mais rápido." E o lenhador não para; e diz: "eu não tenho tempo pra parar e afiar o machado". Então, é isso: as pessoas não conseguem sair da roda viva para parar, planejar e ver que isso vai facilitar o restante do trabalho. Se você conseguir parar para pensar, pode melhorar a situação. Mas quando você está no meio daquela roda viva, você simplesmente acha que não tem tempo para parar e pensar. E continua então se estressando e fazendo as coisas malfeitas, improvisadas por causa do estresse, pela falta de um plano...

J: Pode até fazer a coisa bem-feita, mas para fazer bem-feito tem que dar o sangue. Tem que fazer horas extras, tem que virar a noite... o que traz mais estresse. Aí fica um círculo vicioso que estimula mais estresse e a sensação de que você não tem tempo para parar e planejar, enfim... e a cultura se perpetua.

21. O sonho americano

J: O sonho americano, no Brasil, se refere a essa vontade de ser americano. Ou a vontade de ser estrangeiro ou, mais do que isso: a valorização daquilo que vem de fora. Isso se vê muito nas empresas, nas corporações, que trazem muitas vezes modelos estrangeiros que não são devidamente criticados, para serem adaptados à realidade brasileira. Muitas vezes esses modelos são considerados da mesma maneira como são aplicados lá fora e isso não funciona. Aquilo que vem da Europa ou dos Estados Unidos é sempre bem visto. É a música, é a roupa...

F: Eu relaciono isso de novo com uma Distância de Poder. Parece que no inconsciente coletivo brasileiro existe uma hierarquia também entre os países.

J: Na maneira de ver os países.

F: Alguns países são vistos como sendo melhores ou mais importantes do que outros. Nessa hierarquia, o Brasil está numa posição média, no meio de um *ranking*. E aí, existem alguns que se pensa serem melhores, serem superiores. E existem outros que se acha que são piores ou inferiores. Tudo que vem da Europa ou dos Estados Unidos é considerado bacana, bonito, melhor. E o que vem de países da América do Sul ou de países mais pobres, na África ou na Ásia, é considerado ruim. Eu lembro que há um tempo atrás, no ABN AMRO no Brasil, eu falava em fazer intercâmbio com as melhores práticas de outros países, dentro do próprio ABN AMRO. As pessoas imediatamente falavam "Ah sim, nós temos muitas coisas que aprender com os americanos e com os europeus"... Eu dizia: "mas a realidade deles é muito diferente da nossa. Quem sabe a gente pode aprender alguma coisa com a Índia?" E os meus colegas de diretoria diziam assim: "Não, que é isso, Fernando, vai querer aprender alguma coisa com a Índia?"

J: Que tem apenas cinco mil anos de história? (risos)

F: A imagem que a Índia tem no Brasil é de ser um país subdesenvolvido, pobre; e nós não temos nada o que aprender com a Índia, não é? Alguns até racionalizaram e me disseram "Olha, eu até acho que pode ser que exista alguma coisa que a gente possa aprender com a Índia. Mas você vai ter dificuldade em convencer os nossos colegas. Não sou eu que sou contra, mas você não vai conseguir convencer os colegas aqui de que se devia fazer uma viagem de intercâmbio para a Índia, para aprender com algumas coisas que a Índia está fazendo em termos de sistema bancário." Assim como ninguém vai querer aprender com a Bolívia. "A Bolívia é um país subdesenvolvido e pobre," eles diziam. Isso acontece por causa dessa noção de hierarquia.

J: É interessante que se pensarmos em como é o sistema de votação nos Estados Unidos, está muito atrasado em comparação com o brasileiro. E o sistema bancário brasileiro é melhor do que aquilo que se vê na Europa. A compensação de um cheque, o internet banking.

F: O sistema bancário brasileiro é muito melhor do que o sistema bancário americano. Isso me incomoda, na verdade, essa idolatria do estrangeiro. E, principalmente, a idolatria dos Estados Unidos. Eu acho que os EUA têm como cultura uma séria de coisas efetivamente bacanas, mas existem muitos aspectos que são até vergonhosos.

J: O Veríssimo disse: "Miami é o Rio de Janeiro que deu certo..." Mas ele estava ironizando uma visão da classe média brasileira. Miami tem uma série de aspectos detestáveis: desigualdade, consumismo exacerbado, corrupção, ostentação dos mais ricos, criminalidade, violência...

F: O brasileiro deveria ser mais crítico em termos de escolher o que imitar... o que trazer de fora...

J: O que trazer de fora e o que exportar. No sentido de ter uma visão equilibrada a respeito de quantas coisas boas o País também pode exportar.

Vamos ver o lado positivo dessa visão que o brasileiro tem do estrangeiro: no geral, os brasileiros têm uma atitude aberta para receber os estrangeiros. Quero dizer, o estrangeiro consegue, no geral, se adaptar no Brasil, porque os brasileiros facilitam isso, recebem positivamente os que vêm de fora. Desde que estejam também abertos a conhecer o idioma, conhecer o país, enfim, se integrarem. Os brasileiros costumam ter uma atitude aberta com o estrangeiro, eu acho que é uma coisa favorável.

F: Sim, mas é importante não apenas valorizar aquilo que vem de fora, mas também valorizar o que vem de dentro. As raízes da cultura brasileira, as raízes indígenas da cultura brasileira, as raízes negras, que vieram da África. Mas como a África, na mentalidade brasileira, está abaixo do Brasil na hierarquia dos povos, não se valorizam as tradições africanas. E não se valorizam as tradições indígenas, porque também se considerava que os índios eram subdesenvolvidos. E agora está se descobrindo que em muitos aspectos a mentalidade indígena era melhor do que a mentalidade dos europeus que vieram, em termos de equilíbrio ecológico, de convivência com a natureza... E também em certos aspectos das relações sociais dentro das tribos. Existem muitas coisas que se pode aprender com os índios. Ao invés de dizer assim: "tudo o que é do índio é ruim, tudo o que é americano é bom; tudo o que é do negro é ruim, tudo o que é africano é ruim; tudo aquilo que é europeu é bom..." É preciso ter uma atitude mais crítica de ver: "espera aí: quais são os aspectos positivos e negativos que todos os povos têm? E quais são os aspectos positivos e negativos que a nossa cultura brasileira tem e o que se deve então valorizar?"

J: Eu vejo um crescimento nisso. Não podemos dizer que isso é uma visão de todos os brasileiros. É uma tendência que ainda existe, ainda é forte na cultura; mas eu vejo uma mudança, principalmente, com o fato de que os brasileiros estão tendo mais consciência das suas características e estão muito mais abertos para olhar o que existe de bom e o que existe de ruim. Até as situações políticas recentes, a conjuntura econômica e social, têm levado o brasileiro a olhar para si de uma forma mais equilibrada.

F: É, isso é positivo. Embora eu ache que isso está acontecendo com uma parcela pequena da população. Eu gostaria de ver mais gente fazendo essa autocrítica e essa valorização daquilo que deve ser valorizado. Tem pouca gente ainda fazendo isso. A grande maioria do povo continua nessa idolatria do estrangeiro e, principalmente, idolatria do americano, o que é uma pena. Mas existe uma parcela pequena, porém crescente, da população que começa a ter uma atitude mais equilibrada, mais crítica, de valorizar o que é bom e criticar o que é ruim, dentro do próprio Brasil e também nos outros países, independente dessa visão hierárquica.

22.   A valorização do erudito

F: No Brasil, existe uma valorização, que eu acho exagerada, de tudo aquilo que é erudito. De falar difícil, rebuscado, e me incomoda ouvir pessoas que estão numa plateia, assistindo uma palestra, dizerem: "Como ele fala bacana, eu não entendo quase nada do que ele diz, mas é tão bonito!" Fica uma adoração daquilo que não se consegue entender, só porque parece erudito. E isso eu acho um problema sério: as pessoas se submeterem a uma coisa que elas não entendem; mas só porque é rebuscado, é valorizado. Isso me incomoda.

J: Eu concordo que aparece muito isso também na maneira de escrever e isso leva a uma distância entre as pessoas e o público. Associo isso com a Distância de Poder, porque cria, para quem está sendo erudito, uma distância. A pessoa acaba sendo vista num pedestal, num destaque.

F: Uma torre de marfim.

J: A plateia se coloca numa posição abaixo do palestrante ou do autor. É uma postura de admiração, mas ao mesmo tempo não existe um diálogo, não há interação. No outro lado, quem está na posição de se colocar como erudito e falar rebuscado, não está conseguindo chegar numa comunicação mais direta com seu público.

F: Não é uma verdadeira interação, é simplesmente uma relação de poder. Isso tudo tem a ver com a Distância de Poder e a pessoa que se coloca lá em cima no pedestal fica apenas querendo se manter naquela posição. Consegue isso se mostrando hermético, faz questão de falar cada vez mais difícil, para ser menos entendido e continuar nessa postura de ser adorado por não ser compreendido.

J: Existem até alguns escritores e filósofos que algumas pessoas criticam, comentando: "odeio esse cara, porque ele é tão esnobe..." mas eles têm milhares de admiradores.

F: Eu já vi várias coisas boas, a essência do que dizem, as mensagens, eu acho que são boas...

J: Na forma...

F: O que me incomoda é a forma, porque são um exemplo dessa coisa erudita. Falam num tom professoral, não dialogam com o seu público. O que eles têm em comum é essa atitude esnobe, de se achar melhor do que os outros e de falar de maneira hermética. O que me incomoda é o público achar isso bacana! "Eu não entendo o que ele diz, mas é tão bonito". O público fica perpetuando essa relação desigual. Claro, sabemos que a Distância de Poder, na verdade, não é feita por quem está em cima da coluna de marfim, mas pelas pessoas que estão embaixo, adorando o seu ídolo. E vale notar que uma das coisas que reforça a Distância de Poder é o próprio Coletivismo, ou seja: quando você está numa plateia e está todo mundo adorando o cara...

J: Você fica meio constrangido de criticar o sujeito.

F: Se você diz isso numa plateia: "pô, não gosto do cara porque o cara fala difícil", e todo mundo tem uma opinião contrária, você fica como o único soldadinho de passo certo, indo contra a opinião do grupo... Na cultura brasileira, coletivista, fica difícil você criticar a opinião da maioria. O Coletivismo acaba reforçando a Distância de Poder. Eu acho uma pena, porque isso se reflete também nessa distância que existe entre o mundo acadêmico e o mundo da gestão profissional.

J: Ah, sem dúvida... O mundo acadêmico fica isolado do prático e muita gente, inclusive, que leciona nas universidades, em programas de pós-graduação, só leciona... No sentido de que não têm a experiência prática para trazer para os alunos. Talvez isso também esteja mudando mais recentemente, mas ainda existe muito disso, ainda não existe a experiência para ter a conexão com os alunos.

F: Aquele professor que escreve difícil e fala difícil, ainda é valorizado, embora esteja completamente fora da realidade do mundo da gestão de negócios. Dentro do mundo acadêmico, essa valorização se perpetua. Quando se apresentam os professores para os empresários, a tendência é dos professores terem essa atitude de arrogância e acharem: "vocês não sabem o que é a essência do mundo, eu sei porque eu sou Doutor em Filosofia de Administração" embora nunca tenham administrado coisa nenhuma. Existe também uma diferença cultural nisso: porque no Brasil, o mundo acadêmico é ainda mais valorizado do que nos Estados Unidos, que tem uma filosofia mais pragmática. Lá, quem faz é mais valorizado do que quem fica pontificando sobre teoria. Basicamente, os líderes empresariais americanos resumem a sua crítica perguntando: "Bom, mas qual é o resultado disso que você está afirmando? Como é que se aplica na prática?" E aí, se o acadêmico não consegue fazer a ligação com a prática, o acadêmico é desvalorizado, é deixado de lado. Os acadêmicos que mais têm sucesso nos EUA são aqueles que conseguem dialogar com o mundo dos empresários. No Brasil, eu vejo que existe menos diálogo entre os acadêmicos e os empresários, eles vivem em mundos mais separados. É uma pena, não se consegue aproveitar o que o mundo acadêmico tem para realmente contribuir...

J: Fica menos interativo, existe menor retroalimentação do que poderia haver...

F: Essa falta de debate provocada por excesso de Distância de Poder é o que acaba prejudicando, porque não se aprende tanto. O debate em si pode enriquecer, ele pode provocar aprendizagem mútua; mas quando a relação se resume em ficar adorando alguém num pedestal, isso na verdade é ruim para os dois...

J: Não se aprende mais, a aprendizagem é menor.

23. A educação no Brasil

J: Quando eu penso na educação no Brasil, eu vínculo sempre com a alta Distância de Poder, com hierarquia, porque é uma educação onde o professor é o mestre, é aquele que sabe... o aluno é o que deve aprender e o ponto de partida é que o aluno não sabe. Não se pensa que o aluno tem também uma mente própria e tem uma experiência, que deve ser levada em conta. Por menor que seja a criança, ela tem experiência, tem inteligência e tem coisas para contribuir, mas isso não é levado em conta.

F: O sistema brasileiro é todo mais tradicional, digamos assim, e mais hierárquico. Tem muita influência portuguesa, francesa também...

J: Portugal e França são dois países altamente hierárquicos.

F: Fica aquela coisa de que o professor é quem sabe e ele derrama o conhecimento sobre os alunos. É tudo baseado no conteúdo e o papel do aluno é o de obedecer.

J: É de ouvir e, em princípio, concordar. Para discordar, você precisa estar muito bem calçado.

F: Hoje em dia, quando se critica a deterioração da educação no Brasil, ficam justamente criticando que hoje os alunos não obedecem, não têm disciplina. Eles têm a ousadia de contestar o professor ou de não fazer o que o professor está mandando. Porque o professor está mandando e os alunos não obedecem... Aí os críticos dizem "o que nós precisamos é ter mais disciplina, mais hierarquia na sala de aula, para que os alunos respeitem o professor!" Nós sabemos é que a tendência no mundo inteiro é de mudar a educação para uma linha de ensinar pensamento crítico, de haver mais debate, discussão, e menos ênfase no conteúdo. Porque o conteúdo está disponível na internet. O conteúdo pode ser adquirido, mas as crianças precisam aprender a aprender.

J: A atitude de buscar o conhecimento é o mais importante de estimular. A questão do respeito é que precisa ser revista. O respeito em si é importante ter pelo professor, mas deve ser o respeito de uma pessoa para uma outra pessoa. É o respeito do aluno para o professor e do professor para o aluno. No sentido de o professor estimular o aluno a pensar, estimular o aluno a questionar e a questionar o conhecimento. Fazer perguntas sobre o que ele não sabe, se sentir livre para poder perguntar ou até para poder questionar, de alguma forma, o que o professor está dizendo. Essa é que é a questão, pois isso já começa a ser visto como falta de respeito. Se o que o professor está dizendo for questionado pelo aluno, no sentido de duvidar, isso já começa a ser visto como falta de respeito. Na verdade, se o professor focar um pouco mais sua atenção em estimular o aluno a buscar o conhecimento, então isso pode deixar o aluno mais livre para poder perguntar. Isso não é um ataque ao professor.

F: Eu fico lembrando do meu tempo de Julinho (Colégio Estadual Júlio de Castilhos, em Porto Alegre), de séculos atrás (1964 a 1970). Nós tínhamos professores que nós respeitávamos, mas eram poucos. Esses poucos eram respeitados pela turma toda, eram os melhores professores. E esses professores não eram autoritários. Eles tinham uma atitude de respeito para com o aluno, e eles conquistavam o respeito do aluno, quase que automaticamente. Tinham uma relação bem diferente conosco. Mas era uma minoria. Em sete matérias que tínhamos em cada ano, haviam dois professore que tinham esse tipo de relação. Os outros cinco professores eram mais fracos, eles não conseguiam respeito pela sua sabedoria e não tinham a mesma atitude, eles então se impunham pela autoridade. Eles eram mais autoritários. E, em contrapartida, os alunos não respeitavam realmente a eles. Ficavam fazendo pegadinhas, piadinhas, pregavam peças no professor. Mas isso ocorria justamente com os que eram mais autoritários, eles eram os menos respeitados. Eles podiam ser temidos, mas no momento em que esse autoritário dava as costas, o pessoal jogava papelzinho no quadro, ou fazia barulho, fazia piada, pregavam peças... nesses autoritários. Nunca pregaram uma peça naqueles professores que tinham uma atitude de respeito. Esses eram os respeitados pelos alunos também.

J: Existe também o professor inspirador. Mesmo numa educação mais igualitária, como a que as nossas filhas tiveram a oportunidade de ter na Holanda, onde os professores podem ser mais questionados, os alunos são estimulados a perguntar, são estimulados inclusive a duvidar e pesquisar sozinhos, de trazer conteúdo. Igualmente lá você vê alguns professores que são mais inspiradores do que outros. Esses são os que conquistam o maior respeito, justamente, dos alunos. Os alunos admiram, gostariam de ser como eles, e são justamente os professores que estimulam também as crianças a serem professores no futuro. São bons modelos, como professores e como pessoas.

F: Todos esses professores inspiradores, tanto na Holanda quanto inclusive no Brasil, no meu tempo de criança, eram os professores que estimulavam a imaginação e faziam perguntas para a classe. Em vez de simplesmente ficar dando a matéria, eles estimulavam o aluno a pensar junto. Eles faziam perguntas, "por que vocês acham que é isso?". Aí todo mundo parava, pensava... dava um palpite... aí ele explicava porque sim ou porque não. É o professor como facilitador...

J: Facilitador da busca do conhecimento.

F: Como coordenador de grupo. É um papel diferente. O problema é que na cultura brasileira não se prepara o professor para fazer esse papel. Se prepara o professor simplesmente para declamar a matéria. O professor faz decoreba e aí os alunos têm que fazer decoreba também. Os professores não são preparados para coordenar um debate, para estimular a imaginação.

J: Algumas culturas, como a francesa, inclusive estimulam essa forma até hoje. Até na universidade. A Sorbonne ainda é muito assim. Os professores têm um púlpito e ficam lá em cima, derramando pérolas aos porcos. Aquela atitude de: "eu sei, eu estou derramando meus conhecimentos sobre vocês."

F: É curioso, porque o pessoal fala na educação da Finlândia, por exemplo, como sendo um dos modelos educacionais para o mundo, e houve aquela matéria da BBC Brasil sobre um grupo de professores brasileiros que foi convidado para ir conhecer o sistema lá. Eles voltaram super-entusiasmados e disseram: "o que a gente viu, nós podemos implantar na nossa sala de aula, porque não depende de equipamentos sofisticados. A gente achou que...".

J: Primeiro mundo, Finlândia... deve ter um computador para cada criança...

F: É, e não é nada disso. "É a atitude que é diferente, e isso a gente pode fazer. De imediato. Não depende de equipamento".

J: E eu lembro daquele filme do Michael Moore...

F: A próxima invasão americana.

J: Quando ele entrevistou professores lá na Finlândia, a surpresa do Michael Moore é de que os professores achavam que as crianças tinham que ser crianças. Eles estimulavam as crianças a brincar, não davam tema de casa, para haver tempo de brincar, ou ter o mínimo de tema de casa. Mas os alunos tinham que pesquisar coisas. Se eles encontravam alguma coisa que chamava o interesse deles, eles tinham que trazer o assunto para a sala de aula, para discutir aquilo que eles encontraram na natureza. Que é, de novo, uma questão de atitude e não de tecnologia. Nós sabemos que a tecnologia é secundária no processo de educação. Se dependesse só disso, não seria a Índia que seria a mais desenvolvida na área de IT.

F: A educação pode funcionar, também, na sociedade hierárquica.

J: E num país emergente. Não dá para se dizer que a Índia é um país pobre, mas é um país que tem muita pobreza. Mas é de lá que saem as melhores mentes para lidar com tecnologia.

F: É interessante, então, questionar: é possível ter um bom nível educacional numa sociedade hierárquica?

J: Bom, eu sou otimista, acho que sim. A questão é que precisa se mudar a atitude. E o treinamento dos professores. É preciso haver não só treinamento, mas reconhecimento e boa remuneração. Na escola que as nossas filhas frequentaram na Holanda, os professores são muito bem pagos. É preciso haver uma decisão governamental de investir na educação e pagar tanto que o professor não precise depender de dois ou três empregos para sobreviver. Se não ele não tem nem como se desenvolver mais, aprofundar seu conhecimento, enfim. É preciso seleção, treinamento de professores e bons salários.

F: A valorização do papel do professor. Sabemos que na Finlândia e na Dinamarca o professor é uma figura valorizada na sociedade. Ser professor é uma coisa bacana. No Brasil, o sujeito diz "é, sou professor..." meio que pedindo desculpas. Aí todo mundo já faz piada "pô, mas então como é que você sobrevive?" No imaginário coletivo brasileiro o professor ganha pouco.

J: Ganha pouco e recebe atrasado.

F: E se acha que não tem como mudar isso.

J: Existe também a noção errada de que às vezes a pessoa vai ser professor porque não conseguiu fazer o que realmente queria. Fica aquela ideia de que não é isso que a pessoa escolheu. Fez uma faculdade de engenharia, não conseguiu ser engenheiro e foi ser professor de engenharia. Tem muito disso no imaginário. O professor precisa do que faz, porque justamente os salários são muito baixos.

F: Uma boa política de governo podia estimular a qualidade começando pela seleção. E a boa remuneração de professores estimularia mais pessoas a terem interesse na carreira.

J: E a formação contínua. Por exemplo: um trabalho admirável é o do Instituto Airton Senna, que justamente não foca nos alunos... foca nos professores. E no desenvolvimento dos professores e na atitude dos professores em sala de aula junto com os alunos, para que tenham uma atitude mais aberta. É um bom modelo, digamos assim, para o Brasil: de como pode ser feito um bom trabalho.

F: Uma característica do modelo finlandês é a educação contínua do professor. Eles têm cursos de atualização pedagógica, periodicamente. Em termos de ter uma educação eficiente, mesmo em uma cultura hierárquica, eu penso na cultura francesa. É uma cultura hierárquica, o modelo educacional está sendo contestado e com razão, porque os tempos mudaram, mas uma característica que é positiva é que eles estimulam o debate, apesar da hierarquia. Em sala de aula, o aluno não pode contestar o professor, mas a cultura estimula que haja discussões, e o aluno é ensinado também a discutir ou argumentar... ele pode não contestar o seu professor, mas os professores estimulam a argumentação, porque existe aquela combinação de individualismo e hierarquia.

J: É que aí nós estamos falando de uma cultura diferente. Não estamos mais falando de uma cultura coletivista, onde um aluno sozinho questionar o professor é algo muito sério; a não ser que seja em grupo.

F: Na França existe o estímulo ao debate, digamos assim, embora não a contestação ao professor.

J: É que se aceita o debate por níveis. Quer dizer: o professor com outro professor; o aluno com o aluno.

F: Os professores fazem debates entre si, assistidos pelos alunos e os alunos podem fazer debates entre si e com isso aprender a debater.

J: Ou na situação individual. Quantas vezes a gente já viu ali perto mesmo da Sorbonne, o professor que está claramente na situação de um tutor com seu aluno. Aí é uma coisa possível, uma situação individualizada do aluno vir e discutir ou debater um tema que, quando está focando no assunto, quer dizer, não está focando em desafiar o professor, mas está focando no tema.

F: E principalmente quando não é diante de uma plateia.

J: Não é diante de outros.

F: Então o aluno pode discutir com o professor em particular, porque aí ele não está...

J: Não está questionando a autoridade do professor.

F: Não está expondo o professor à vergonha diante da plateia. Me lembrei também da Coreia... porque a Coreia é um dos exemplos de educação e é uma sociedade hierárquica.

J: E totalmente focada na disciplina, também.

F: Sim. Mas nós dois aprendemos, estando na Coreia, que eles também têm muitos conflitos. Eles estimulam a confrontação... é uma característica da sociedade coreana. Existe sempre tese e antítese. Eles discutem tudo. Inclusive, isso ajuda a explicar a divisão entre Coreia do Sul e Coreia do Norte. É que eles estão constantemente discutindo. É curioso, porque ela é uma sociedade hierárquica, a disciplina é importante, mas, ao mesmo tempo, essa contestação também é importante. Então meu ponto é que mesmo numa sociedade hierárquica, você pode ensinar o aluno a pensar se você estimular o debate... dentro de determinadas regras, sem humilhar o professor. E isso ajuda o aluno a então aprender mais, se desenvolver mais. O que não funciona é justamente colocar o aluno sempre numa posição passiva, porque daí ele não aprende a pensar sozinho. E não aprende a aprender. O Brasil, em tese, pode desenvolver um modelo educacional próprio. Não precisa virar a Finlândia e nem virar a Coreia, desde que valorize mais o professor e dê algum espaço para o aluno também aprender a pensar, criticar, debater. Não ficar numa posição passiva. O aluno, quando fica numa posição passiva, acaba se revoltando contra o professor e aí vira indisciplina, bagunça e tal. Porque a revolta é a única alternativa se não houver espaço para se expressar.

J: Por que os alunos estão ocupando as escolas? Está havendo um despertar dos alunos para a importância do papel deles, a importância de ter mais espaço? Está se formando uma conexão com aspectos políticos? Seria toda uma consciência maior que os alunos estão desenvolvendo?

F: É uma característica da adolescência, em qualquer cultura, de procurar firmar sua própria identidade contestando o status quo, não é? Contestando os mais velhos.

J: Sim, mas o que houve no momento social brasileiro que estimulou isso? Porque gerações de adolescentes antes desses não fizeram a ocupação das escolas; deve haver algum aspecto social, econômico e político desse momento do Brasil, que levou a que os alunos fizessem a ocupação. Eu acho que começou, na verdade, o exemplo com a decisão lá do Governo de São Paulo, do Alckmin, de fazer o remanejamento das escolas. Uma coisa, assim, muito arbitrária.

F: Nem foi do Alckmin, mas foi do secretário de educação do Alckmin, que era justamente um engenheiro. Um sujeito totalmente racional, que resolveu tratar as escolas como se fossem linhas de montagem... fábricas... e fazer uma otimização do ponto de vista de logística. Ele não levou em conta o fato de que os alunos e os pais tinham uma relação afetiva com as escolas ou que faziam parte de uma comunidade. Simplesmente disse assim: "o que é mais lógico? Que os alunos que moram aqui, eles vão todos para a escola tal, e os outros que moram lá vão para aquela outra escola; essa escola aqui vai atender só do 1º ao quarto ano, essa outra do 5º ao 8º; essa outra, só vai ter Segundo Grau" e resolveu fazer aquilo de uma hora para outra, sem levar em conta todas as questões emotivas e de valores que os alunos tinham. E as questões que os próprios professores tinham em relação às escolas.

J: E os pais inclusive.

F: Exato. E fez isso de uma forma autoritária, porque disse: "vai ser assim e começa a partir do ano que vem." Aí todo mundo se rebelou. Essa revolta estimulou os alunos, de certa forma, a exercer um papel de liderança, de protagonismo, como gostam de falar. Os alunos ficaram mais protagonistas. Depois, quando veio a reforma do ensino no governo Temer, aconteceu de novo a ocupação de escolas contra a reforma do ensino. Mas aí já era uma expressão de identidade, que diz "olha, eu não fui consultado, quero expressar minha opinião, isso aqui está sendo imposto, nós não vamos aceitar isso...". Tudo isso eu acho positivo, mas o que chama atenção, tanto no caso de São Paulo, primeiro, e depois nesses outros casos que aconteceram em outros estados e principalmente no Paraná, é a incapacidade das autoridades, dos diretores de escola, dos secretários de educação, dos governadores... A incapacidade deles de lidarem com o movimento.

J: De conversar com os alunos.

F: Ficou a coisa, de novo, de autoridade. "Estão desrespeitando a autoridade, então manda a PM desocupar à força!" A PM batendo nos alunos: um absurdo. Isso apenas acirra os ânimos, fica pior; e aí os alunos se sentem mais justificados também em adotar uma atitude violenta. Muitos deles, diga-se de passagem, não adotaram atitudes violentas. Em muitas situações os alunos demonstraram maior maturidade do que os diretores e secretários de educação, para não falar na PM e no governo do estado, tanto do Paraná quanto de São Paulo.

A guerra na Síria começou assim, com uma revolta de pais e alunos numa escola, que foi reprimida com violência excessiva. Na adolescência, é natural que os jovens procurem espaço para expressar sua identidade, expressar sua opinião; eles precisam se sentir ouvidos. Se a cultura não dá espaço, eles vão buscar essa expressão fora da escola, ou então eles negam a escola e a escola fica sendo uma coisa que é chata, ultrapassada. Então formam as ganguezinhas, as turmas fora da escola... se revoltam contra os professores, ridicularizando os professores, agredindo os professores... e até ocupando as escolas, dizendo "esse troço aqui tá errado, nós não queremos que seja assim." Tudo isso eu acho, na verdade, muito saudável, do ponto de vista do desenvolvimento dos adolescentes. O triste é a incapacidade dos diretores, professores e autoridades de saberem lidar com os adolescentes.

J: É anterior a isso: não haver o espaço de diálogo. Foi o que levou a isso.

F: Claro. Se dessem espaço para o diálogo, não haveria isso. Eu nunca ouvi falar em ocupação de escolas na Holanda ou na Escandinávia. Porque os alunos têm espaço. Eles não precisam ocupar a escola para conquistar espaço. A escola é deles. Eles sentem que fazem parte do processo. Quando existem as manifestações políticas contrárias ao governo, isso acontece até depois da escola, na vida profissional ou quando eles não entram em movimentos políticos e tal, e aí fazem até ocupações de cunho político efetivamente, mas porque aprenderam a fazer isso e fazem isso, em geral, de maneira até organizada e sem violência. É outro esquema. Aprenderam a fazer isso e aprenderam a assumir responsabilidade, também, e contestar. A contestação faz parte. Tem que se começar por pensar: "qual é o modelo que se tem na cabeça sobre o que é um aluno bem formado?" Na sociedade hierárquica, esse modelo do aluno bem formado é um sujeito que é obediente, disciplinado e passivo. Isso traz uma série de problemas. Melhor seria pensar que o aluno bem formado é aquele que tem capacidade de aprender e tem pensamento crítico, que pode contestar, mas com respeito, sem violência. Só que, numa sociedade hierárquica, qualquer tipo de contestação é considerada falta de respeito. Estou exagerando?

J: Outras pessoas têm direito de pensar do jeito que elas querem.

F: Tudo bem. Eu estou defendendo a liberdade de expressão e valorizando a contestação. Isso faz parte da crise de educação... é uma crise de valores e uma grande parte da juventude está buscando valores. Faz parte, de novo, do processo de adolescência, de formar a sua identidade, os seus próprios valores. No mundo moderno, por um lado, você tem as sociedades hierárquicas, onde os valores são os já estabelecidos e você tem que obedecer. Se você não obedecer então você é um pária. Ou uma sociedade igualitária, onde os valores são aqueles que você quiser. Aí fica uma liberdade total, mas sem direcionamento. E isso também confunde muito.

J: É, para um adolescente...

F: O adolescente precisa de direção; não em termos de obediência, mas pelo menos assim: "olha, eu acredito que os valores são esses".

J: Orientação, na verdade.

F: Pelo menos se deve expressar: "aqui estão uma série de valores que nós achamos importantes e você escolhe se você quer isso ou não, enfim." Mas essa clareza de valores está faltando, talvez pelo excesso de informação. Existe tanta coisa disponível, que, no fim, o jovem fica confuso, exposto a tanta coisa.

J: Tudo o que é valor intrínseco da cultura é ensinado o tempo inteiro de uma forma, até, não verbal. Quer dizer: se você botou o pé fora daquilo que é típico da cultura holandesa, os holandeses vão dar um jeito de mostrar que não estão de acordo. Pode não ser de uma maneira explícita ou hierárquica, mas também mostram.

F: Concordo, mas o que eu defendo é que a cultura expresse de forma mais clara, mais explícita, quais são seus valores.

J: Lá na Holanda?

F: Em toda parte. Isso é importante para o adolescente ter mais clareza. E a clareza se obtém pela expressão explícita, pela explicitação dos valores. Quando se critica o autoritarismo, se falha, muitas vezes, em não defender claramente qual é a alternativa ao autoritarismo. Fica uma coisa só de crítica, sem mostrar claramente qual é a alternativa. É isso o que eu estava querendo dizer.

J: Ok. Isso também é o que que as organizações tentam fazer ao explicitar seus valores corporativos; e nem todas conseguem. É o que as organizações tentam fazer no sentido de identificar pessoas que estejam alinhadas com esses valores, quando recrutam.

F: Voltando à educação no Brasil: esses dias assisti a um debate na internet sobre o que é preciso para melhorar a educação no Brasil. Um sujeito falou: "nós precisamos ter de novo Educação Moral e Cívica". E eu me dei conta que eu até concordo com a ideia. Só que quando você diz "educação moral e cívica," eu associo imediatamente com aquela cadeira que existia na época da ditadura e que era totalmente constituída de doutrinação política... não é isso. A educação moral e cívica não é aquilo que a nossa geração viveu nos anos 70 no Brasil, porque aquilo, na verdade, não estimulava o debate. Você não podia criticar o governo... Você não podia se manifestar. Não é essa a educação moral e cívica necessária. Precisamos é poder discutir valores e discutir o que é cidadania, o que é civilidade, o que é moral. Enfim, é preciso haver debate.

J: Participação na sociedade. E a ética. O que é ético, o que não é. Nunca esteve tão próprio discutir isso no Brasil como agora. Quando se começa a trazer mais claramente todos os aspectos de corrupção que assolam o país.

F: Quando eu digo que os valores precisam ser expressos, os valores são: é importante eu respeitar os outros, é importante debater e discutir, é importante discordar, mas com respeito. E as pessoas ficam achando que expressar os valores significa você ter que se comportar de um determinado jeito e os outros jeitos estão errados. Não é bem isso. É dizer claramente que a pluralidade é uma coisa boa, que a diversidade é uma coisa boa, que se devem expressar opiniões contrárias, mas que você não precisa ofender os outros pessoalmente ao fazer isso; que é possível discordar, em termos de ideias, sem precisar dar um tiro no outro pela discordância, esse tipo de coisa. É esse tipo de educação moral e cívica que o Brasil precisa.

24.   Emoções à flor da pele

F: Uma característica da cultura brasileira, da qual talvez os próprios brasileiros não se deem ainda conta, mas os estrangeiros sempre mencionam, é como os brasileiros expressam as emoções.

J: Expressam as emoções com facilidade.

F: No Brasil nós não nos damos conta disso, porque estamos acostumados com isso. Para nós isso é normal.

J: A gente vê isso na família... nas escolas... em todos os lugares, com os amigos... então já se tem isso como parte da maneira de ser das pessoas. Não se questiona ou nem se vê isso como uma coisa distintiva.

F: Quando o brasileiro vai para o exterior, aí acha os outros frios, por comparação. Aí se dá conta de como somos mais emocionais do que os outros. Só que a percepção fica assim: "eles são frios. Eu sou normal." É sempre assim. Você compara com seu próprio padrão. Já os alemães, holandeses, escandinavos, os ingleses... vêm para o Brasil e dizem: "ah, os brasileiros são tão emotivos. Porque eu, inglês, sou normal. Mas eles são emotivos demais." Sabemos que isso está associado ao Controle da Incerteza. É um paradoxo curioso: nas sociedades de alto Controle da Incerteza, existe mais expressão de emoções. Como se vê na Itália, na Espanha, até na França...

J: A explicação que o Hofstede dá para esse conceito é interessante. Se refere a todas as coisas que a sociedade pode mostrar, digamos assim, ou controlar. Isso tudo faz com que as pessoas se sintam mais seguras. A expressão de emoções dá a segurança de que você sabe o que está acontecendo com o outro, porque você vê o sentimento de modo claro. Não está camuflado, escondido ou guardado... você sabe o que está acontecendo com a pessoa. Chorar é a coisa mais fácil. Eu já vivi tantas situações de entrevista, fazendo seleção na Europa, em que a pessoa começa a chorar. Depois se desculpa toda, porque na sua cultura isso seria o fim. Chorar na entrevista é ser recusado com certeza...

F: É visto como falta de profissionalismo.

J: Devia ser ao contrário, não é? Deixa um espaço para a pessoa extravasar e depois conversa e vê o quê a pessoa aprendeu com aquilo. Isso ajuda muito com que a pessoa possa resolver as suas situações.

F: No Brasil, as pessoas lidam melhor com as emoções. Quer dizer: se expressam as emoções e se aceita que os outros expressem também. Diferente do que eu vi muitas vezes em outros lugares. Por exemplo: na Holanda, se alguém chora, o holandês fica paralisado.

J: É, não sabe bem o que fazer. Eu tinha colegas justamente nos *assessments*, que, se houvesse alguma coisa desse tipo, não sabiam o que fazer... num *coaching*, numa coisa assim. Não sabem se tocam, se dizem alguma coisa... É difícil para eles, porque a tendência não é seguir a sua intuição, mas é seguir a sua mente, o seu...

F: Lado racional.

J: A nossa tendência no Brasil é seguir a intuição. Então, se a pessoa está num choro forte, qual é a minha tendência? É ir abraçar, é dar a mão, é conversar, é insistir para o desabafo... você segue um pouco mais a sua intuição. Em geral, isso funciona bem.

F: Nós acabamos aprendendo desde crianças a lidar com as emoções. A não ficar apavorados quando alguém chora, ou ri em voz alta... aprendemos que isso é ok. Não é problema. Você pode chorar, você pode dar gargalhadas...

J: Contudo, existe o lado do machismo: para o homem ainda é meio feio chorar, não é?

F: Assim: menino não chora. Isso existe, sim.

J: Ainda mais... os gaúchos.

F: É. Existe essa distinção entre o que é aceito para a mulher e o que é aceito para o homem. Mas mesmo assim, ao comparar com outros países, a gente vê que, comparando macho com macho, o brasileiro pode expressar mais emoção.

J: É verdade.

F: Do que um alemão, um escandinavo ou mesmo um inglês, que tem que ficar com aquele *stiff upper lip* (lábio firme), com aquela cara de estoico; e fingir que não está acontecendo nada. Os ingleses têm também aquela expressão que diz: "você não pode ficar exibindo as suas emoções".

J: Ah, é?

F: É. "*Don't make a display of your emotions*". Porque qualquer expressão de emoções é considerado...

J: Um *display*...

F: É um exagero... é falta de controle...

J: Nas empresas é muito visto como falta de profissionalismo.

F: Falta de maturidade, também.

J: Agora, toda força tem um lado negro, não é? O lado negro da força disso, ou talvez tenha mais de um, mas um que eu vejo com frequência, é que os brasileiros são muito sensíveis à crítica. Com facilidade você pode ficar emocional demais. O brasileiro em geral expressa com facilidade as emoções, mas quando há uma conversa, por exemplo, numa situação profissional, em que exista uma crítica ao trabalho, essa é sentida como uma crítica à pessoa.

F: As pessoas se magoam profundamente.

J: Com aquilo que às vezes é uma crítica construtiva. Está certo que muitas vezes ela pode ser expressa de uma maneira muito rude, contundente, direta demais, enfim... Junta de novo com o aspecto de comunicação mais indireta. E também com a questão de contexto que a gente tem no Brasil, que é para poder fazer uma crítica de uma maneira que não magoe. Na hora de fazer uma crítica para um brasileiro, se vai fazendo voltinhas, contando uma história comprida, para depois chegar no ponto de fazer uma crítica, e mesmo assim...

F: Porque: se magoar, vai chorar...

J: E às vezes se quebra a confiança para sempre. Às vezes, não há como recuperar a confiança, o relacionamento. É importante a forma de dizer, no Brasil. Justamente para não suscitar uma emoção que seja ligada a mágoa.

F: Mas é curioso, porque quando falamos das coisas que o brasileiro pode aprender com o estrangeiro e as coisas que os estrangeiros podem aprender no Brasil, eu sempre penso que uma coisa que os estrangeiros podem aprender no Brasil é como lidar com as emoções. Para não ficarem paralisados, para não julgarem as pessoas erradamente, de acharem que o sujeito não é profissional porque chorou na entrevista, ou alguma coisa assim. Isso é uma coisa que nós brasileiros temos a ensinar para os outros. Como lidar com isso. Por outro lado, podemos aprender a não se magoar tão facilmente.

J: Podemos também aprender a sermos mais objetivos, não falar com tanto contexto. Por outro lado, podemos ensinar a criticar de uma maneira mais branda, que facilite a pessoa a engolir. E podemos aprender a ter um equilíbrio maior em não sermos tão brandos, ao ponto de nem tocar direito no aspecto que se queria criticar, que é para não magoar. Podemos ser um pouco mais diretos. Isso a gente teria a aprender com os individualistas.

F: É, de não chegar ao ponto de dizer assim "não, está tudo bem. Não tem problema nenhum..." Quando na verdade existe um problema que deveria ser tratado.

J: Por outro lado, como eu digo: alguns estrangeiros de algumas culturas, como individualistas, como os anglo-saxões e nórdicos, podem aprender justamente a não ser tão diretos. "O seu trabalho está horrível, você tem que mudar. Se não mudar, não dá para continuar." É direto demais.

F: As pessoas não se dão conta que isso tem um efeito devastador...

J: No outro. No coletivista.

F: No brasileiro, no indiano, enfim... isso tem um efeito muito maior. E o individualista não se dá conta disso. Ele fala sem maldade.

J: Até pelo contrário. Ele acha que é muito bom, porque está sendo honesto, está sendo totalmente honesto. Eu até aprendi a apreciar a honestidade desse tipo, mas às vezes a gente quer que a pessoa não seja 100% honesta. "Meu penteado está bonito?" "É... está bem... talvez possa melhorar aqui ou ali..." Isso é melhor, em vez de a pessoa te dizer assim: "não! Para, como é que você vai sair com isso?" (risos) São maneiras um pouco diferentes de dizer a mesma coisa.

F: Uma coisa curiosa, é um pressuposto que se vê em Gestalterapia. Quando você é direto e sem receio de magoar o outro, é porque você está tendo o pressuposto de que o outro é capaz de aguentar aquilo. Então, na verdade, isso é uma demonstração de respeito e de confiança no outro. E quando você não diz as coisas para o outro, para não magoar, o seu pressuposto é que o outro não é capaz de aguentar...

J: Que o outro é frágil, não é?

F: Ao proteger os outros, está se pressupondo que eles precisam de proteção. Na verdade, se está demonstrando uma certa falta de confiança na capacidade do outro.

J: De lidar com isso. Agora, de novo, eu sempre acredito que equilíbrio é uma boa coisa. Se você mantém um equilíbrio, significa não deixar de dizer, mas também não é preciso dizer de uma maneira tão direta, que seja vista como agressiva. Ao entender a cultura do outro, você sabe que aquilo vai ser devastador. Então, vá devagar.

F: Sem dúvida.

J: Não deixe de dizer, mas diga de uma forma que seja mais branda.

F: Quando se está falando de uma cultura para outra, sem dúvida. É que cada cultura tem a sua lógica inconsciente para justificar o que se faz. Por quê o holandês é direto? É porque isso tem a ver também com a igualdade. Com a ideia de que o outro é tão forte quanto eu. Enquanto que nas sociedades mais hierárquicas, se eu sou forte e o outro é menos forte do que eu, então o outro também não é tão forte para aguentar uma mensagem direta. Essa necessidade de proteger, ela também pode ser decorrente, de certa forma, da Distância de Poder, da falta de igualdade... Além da questão de manter o relacionamento, pelo Coletivismo.

J: Mais uma vez: as dimensões estão sempre agindo juntas. O comportamento nunca se explica por uma única dimensão, de forma isolada.

25. Juntar o útil ao agradável

J: No Brasil temos essa expressão popular de juntar o útil ao agradável. Isso está bem ligado com essa dimensão de Orientação para o Desempenho, que é justamente a diferença entre estar mais voltado para o desempenho, para o resultado, para o trabalho duro, ou estar mais voltado para a qualidade de vida, para o cuidado dos outros. O escore em OPD (que o Hofstede chamou de Masculinidade versus Femininidade) é mediano, médio (49). Não é nem alto nem muito baixo.

F: Entra também o relacionamento, porque o Brasil é mais coletivista. A separação entre trabalho e lazer, ela é mais clara nas culturas individualistas. O Brasil, como é coletivista, mistura mais os dois. Acho que por isso entra o unir ao útil o agradável. É isso que você queria comentar?

J: Não exatamente. Eu concordo que isso também está junto, mas o foco que eu queria dar era de que se dá um peso mais ou menos igual para ter um bom desempenho e para a qualidade de vida, ou seja: não é válida aquela ideia de que o brasileiro só quer fazer festa. O brasileiro quer trabalhar juntando um prazer ao fazer isso. Tem um lado disso que é o que você está falando, o aspecto coletivista, mas eu vejo isso até mais ligado ao masculino-feminino. Porque eu vejo que existe uma necessidade de também ter prazer nas coisas que a gente faz, de se divertir, de usar o humor, de pegar o laptop e trabalhar ao ar livre, olhando para o mar. Por que não? Por que precisaria ser um trabalho mais duro e constrito?

F: Concordo, mas há uma grande influência do Individualismo e Coletivismo, porque nas sociedades individualistas, inclusive na Holanda, que é bem feminina, existe essa separação entre momentos de trabalho e momentos de diversão. Hora de trabalho é hora de trabalho. Não se contam piadas, não se fazem brincadeiras. Brincadeiras se fazem na hora do almoço, na hora do intervalo. Se eu vou numa reunião social, o máximo que eu faço é entregar o meu cartão de visitas e dizer: - "Nós podíamos nos encontrar noutra hora para falar de trabalho." Mas eu não uso a reunião social para discutir trabalho. Só para dizer assim: "- Eu estou nesse ramo e você também está, nós devíamos..."

J: "Vamos conversar sobre isso."

F: Mas não agora. Porque aqui é uma reunião social. Vamos marcar uma reunião de trabalho na qual nós falaríamos só sobre trabalho. Não sobre aspectos sociais.

J: Acho que você tem razão por esse aspecto assim, mas eu vejo como as coisas funcionando muito juntas. É o Coletivismo ligado ao equilíbrio masculino-feminino.

F: Entre o desempenho e qualidade de vida. O holandês, o americano, o alemão, eles não unem o útil ao agradável ao mesmo tempo. Eles mantêm as coisas separadas. Podem se divertir, mas depois das cinco horas.

J: No horário que é estabelecido para se divertir.

F: Aí vem aquela coisa que é até um exagero: quando é horário de se divertir, você tem a obrigação de se divertir. E os americanos, eles mesmos criticam isso e dizem assim: "Bom, e agora? Nós já estamos nos divertindo? Porque é o horário de diversão." Uma forma sarcástica de dizer: "nós estamos sendo obrigados a nos divertir porque agora o horário é de diversão. Mas eu não estou me divertindo, estou de saco cheio!" O espontâneo fica em segundo lugar. Porque é preciso cumprir com o calendário. Agora é hora de diversão. Veja o *happy hour*. Todo mundo tem que se mostrar *happy*.

E também existe uma dicotomia ao se falar de "equilíbrio entre vida e trabalho." Eu sempre achei aquilo estranho. Eu digo: "Pô, mas o trabalho faz parte da minha vida!" E na minha experiência pessoal a gente trabalhava e se divertia junto. Para os anglo-saxões e germânicos, não: uma coisa em cada lugar, uma coisa em cada tempo. Hora de trabalho, nada de brincadeira.

J: Unir o útil ao agradável é um aspecto onde existem três dimensões ali funcionando: OPD, IDV e também a sexta, que trata de hedonismo versus restrição. Mas o que faz realmente a cultura colocar juntos o trabalho e o lazer é algo que está mais ligado ao Coletivismo. O fato do Brasil ter um equilíbrio entre trabalho e qualidade de vida faz com que ele goste das duas coisas. Agora, porque botar as duas coisas juntas? Por influência do Coletivismo.

A Holanda, que é ainda mais feminina do que o Brasil, valoriza mais a qualidade de vida. Mas na Holanda, porque é mais Individualista, as coisas estão bem separadas. Quando você trabalha, só trabalha, quanto você se diverte, se diverte. Isso vale até para o prazer de tomar café, que é uma coisa que eles gostam muito. Nada começa sem o café. Mas é assim: o horário de uma reunião é estabelecido para meia hora antes, que é para poder tomar o café.

F: Antes do trabalho.

J: Antes de começar o programa, antes de começar o treinamento, ou a reunião. Tudo é assim, marcado dessa forma. Você já sabe que aquele período é para vir e se divertir um pouco e conversar com os outros e tomar o café; e depois, aí então, é a reunião. As coisas não são juntas. Isso vem explicitado inclusive no convite: "Às duas da tarde, café. Às duas e trinta, começa a reunião."

F: O café começa meia hora, ou quinze minutos antes de começar a reunião. Durante o café, as pessoas falam de generalidades.

J: Mas não se fala do trabalho.

F: Não entram no assunto da reunião.

J: Sobre o assunto da reunião, ninguém conversa. No Brasil, você até começa a "preparar o campinho," para ver quem vai dar o suporte nisso, naquilo. Você pode até ir sondando. E aí a terceira dimensão, que eu acho que funciona também, é a indulgência (a sexta dimensão de Hofstede, traduzida no Brasil como Hedonismo), quer dizer: estar voltado para ter prazer, se permitir ter prazer ou não, e a coisa de ter controle sobre sua própria vida. São essas duas coisas nessa dimensão. Mas essa coisa do controle não é muito clara no modelo. Na verdade essa dimensão está medindo duas coisas ao mesmo tempo, não é?

F: Essa é a dimensão que foi, na verdade, desenvolvida pelo Michael Minkov. Eu não concordo muito com a maneira como ela está colocada, porque ela fala em se deixar entregar aos simples prazeres da vida.

J: E a busca da felicidade, a busca de prazer.

F: Sim. Mas o sentido de *indulgence* é assim, se deixar levar, se permitir.

J: É, se permitir ter prazer.

F: Se permitir ter prazer com as coisas simples da vida.

J: Que nem um carnaval. (risos) Uma coisa simples da vida...

F: Versus o *restraint,* que é assim: versus se restringir, se conter. Mas a definição dessa dimensão começa com sentir-se em controle da própria vida e permitir-se aproveitar os pequenos prazeres da vida. E aí então já existem duas coisas. Sentir-se em controle da própria vida é uma coisa.

J: É uma coisa diferente.

F: Permitir-se gozar os pequenos prazeres da vida é uma segunda coisa.

J: Sim, mas até por isso os escores é que são um pouco estranhos para nós. Em termos de indulgência, o Brasil seria um pouco menos indulgente, nem é tão pouco menos indulgente do que a Holanda. Quer dizer, a Holanda se permitiria mais prazeres.

F: O que acontece é que a primeira parte da definição é que interfere. Os países individualistas e de baixa Distância de Poder se sentem mais em controle da própria vida. E isso afeta o escore em Hedonismo, isso é uma variável interveniente.

J: Quando se pensa mais pelo lado do prazer e de se liberar, o brasileiro é mais espontâneo, mais solto, faz mais festas, se diverte mais do que o holandês em geral. Mas de novo, voltando para juntar o útil ao agradável: o holandês se diverte muito, desde que seja com permissão. Quer dizer: agora é a hora de fazer a festa do Dia do Rei. Então, extravasa. Agora o meu time ganhou, eu tenho um motivo, posso extravasar. E o brasileiro já extravasa e se diverte com qualquer oportunidade.

F: Precisamos esclarecer o que é essa permissão. Não é que alguém emita uma permissão formal.

J: Não, é que a pessoa se sente com permissão para fazer.

F: É, em função da situação.

J: Se sente justificada: meu time ganhou, eu tenho uma justificativa, eu posso me liberar.

F: Mas eu não posso me liberar numa reunião de trabalho. "Trabalho é uma coisa séria."

J: Mesmo o humor, que o Brasil tem muito, na Holanda, ele é mais contido. Durante o trabalho, não existe muito.

F: Aquela coisa de separar: a hora do trabalho e a hora da diversão. Como o holandês valoriza a qualidade de vida mais do que o trabalho, mas ele tem que manter as duas coisas separadas, então o que ele faz é que ele trabalha menos horas. Ele vai para casa mais cedo. Mas aí, em casa, ele pode então ter o seu lazer e nada de trabalho. E durante o trabalho, que são horas mais reduzidas, nada de diversão.

26. A esperança é a última que morre

J: É engraçado, mas por outro lado não é nada engraçado. É extremamente complexo, como é a cultura; porque nós estamos ao mesmo tempo falando sobre "a esperança é a última que morre," que é uma coisa de persistência e de esperança de que as coisas sejam melhores, então existe um otimismo muito grande; mas ao mesmo tempo nós falaremos sobre a frase popular "se correr o bicho pega, se ficar o bicho come," que é totalmente negativista, é o contrário da esperança. É a desesperança, significa que não há saída. Porque se você fica aqui, você se dá mal; e se você corre, também se dá mal.

Eu associo essa expressão com o que está acontecendo agora com as pessoas no Brasil. O sentimento está muito negativista, nós estamos em pleno 2017, passado o impeachment da Dilma e discutindo impeachment do Temer. Isso tudo causou uma divisão grande no País, quase que uma briga entre quem é contra e a favor do PT, e as pessoas com quem falamos só dizem: "que bom que vocês moram fora, porque aqui está horrível! Eu gostaria de sair." Por outro lado, o brasileiro tem uma paixão grande por morar no Brasil, por estar no País. O sentimento parece ser: "bom, estou sendo obrigado a sair!" As pessoas nos dizem: "Agora não tem mais jeito!" Mas não é assim que eu sempre pensei em morar fora; pois dessa maneira não é uma questão de escolha.

F: Não é uma escolha porque vem toda aquela questão de: "a minha vida é controlada por outras forças, por alguém que tem mais autoridade que eu; ou por um grupo ao qual eu devo lealdade, então eu faço as coisas não por mim mesmo, mas pelos outros..."

J: Ou pela situação. É a situação que está me levando a fazer isso.

F: Isso é um anti-protagonismo, o contrário do protagonismo. "Eu não sou protagonista, sou vitima das circunstâncias, de pessoas poderosas, grupos poderosos; ou da situação. Eu não sou protagonista." Mas o sentimento que fica é o da esperança versus a desesperança. "Se correr o bicho pega, se ficar o bicho come" é a desesperança. E de onde vem essa desesperança, no país da esperança? Eu sempre achei que a Holanda é o país do respeito e o

Brasil é o país da esperança. Mas de onde vem essa esperança, de sempre se achar que "agora vai!" Ou que "tudo vai dar certo?"

J: É uma herança portuguesa. Eu ligo isso com a esperança da esposa do marinheiro, que partiu e pode não voltar; aquela expectativa durante os grandes descobrimentos.

F: Historicamente é isso, mas estou tentando identificar o sentimento. Esse sentimento é uma espécie de promessa, uma fé.

J: Isso está ligado com a questão religiosa, de como o brasileiro é religioso. Volta a questão de que se coloca o poder numa entidade que está fora. A solução dos seus problemas depende de uma força maior do que ele.

F: Tem a ver então com o Controle da Incerteza, de certa forma. Diante de um ambiente cheio de incerteza...

J: "Eu passo a ter certeza porque eu tenho fé."

F: A maneira de lidar com a incerteza é acreditar cegamente, na base da fé, sem base nos fatos.

J: É, sem base científica, mas com uma força espiritual e emocional de que vai dar certo. Isso dá uma força interna muito grande para uma pessoa. É como se a força interna ficasse imbuída daquela força externa. Você está mais reforçado na sua força, na sua expectativa, na sua esperança, na sua fé. Tem tudo a ver com o CDI.

F: É uma espécie de formação reativa; um mecanismo de defesa. Você busca internamente acreditar numa coisa que é o contrário do que você teme, que é o "se correr o bicho pega, se ficar o bicho come." E a única maneira de lidar com isso é assim: "eu vou acreditar que vai dar certo. De alguma forma as coisas serão melhores, o Brasil vai dar certo, é o país do futuro, um dia vai ser melhor."

J: Só que nesse momento histórico atual, as pessoas estão perdendo a esperança.

F: Está ficando difícil manter a fé, existem poucas coisas que a sustentem.

J: Não dá mais para ser uma fé cega. Quando se vê a realidade, está difícil de acreditar, sem ter situações concretas que sustentem aquilo em que você está acreditando.

F: Para se ter fé, para acreditar em alguma coisa, ou se tem fé na ciência, nos fatos, na realidade, em alguma coisa fática, que reforce a sua crença, que reforce aquilo no qual se acredita, que é a maneira basicamente anglo-saxônica e germânica de lidar com as coisas; ou então existe a maneira brasileira, latina em geral, na qual você acredita que sua fé é baseada numa figura de autoridade: na religião, por exemplo, ou no governo. Então você acredita que vai dar certo porque existe alguém com mais poder, com mais autoridade, que te diz que vai dar certo.

J: É que você acredita que vai estar de acordo com as suas crenças, de acordo com o que você está desejando que seja feito.

F: Na cultura brasileira, por causa da Distância de Poder, é mais fácil você seguir um líder, uma pessoa carismática. Se acredita num salvador da pátria, se busca mais um salvador da pátria, que é essa coisa de colocar o poder no outro e não em mim mesmo.

J: Bom, isso foi o que aconteceu com o Collor, não é? Surgiu do nada e em seguida era o salvador da pátria.

F: É que sempre se está buscando alguém. Na verdade o poder não está com o salvador em si; mas o povo quer um salvador, não importa quem seja. Então aparece um sujeito que só vem cobrar a conta de luz e aí acontece de alguém gritar: "ah, esse é o salvador da pátria!" E todo mundo vai atrás. É aquela coisa de que o povo faz o ditador, faz o herói, o povo faz o grande líder; mais do que o líder em si. Um sujeito como o próprio Fernando Henrique Cardoso, era um líder que ele mesmo se intitulava como líder acidental, que ele não almejava ser presidente originalmente, mas que lá pelas tantas foi colocado na posição de "você será o salvador da pátria!" e aí ele embarcou.

J: Na verdade foi um dos melhores presidentes que a gente já teve.

F: Sem entrar no mérito, eu não quero dizer se foi ou não foi. Só quero destacar essa situação. Alguém que não tinha a ambição de ser líder, de repente se vê jogado nessa posição porque o povo quer um líder. Poderia ser qualquer um que passasse na frente da multidão. É só alguém dizer: "esse aí será o líder." O que está acontecendo agora, esse desencanto, essa falta de esperança, é porque está se vendo que todos os líderes políticos são corruptos, ou quase todos. Parece que não tem um que se salve. É muito raro, digamos assim, chegar e dizer: "esse político é bom!" Agora que houve essa derrocada do PT, quem são os líderes que vão nos salvar? O pessoal dizia: "ah, é o Aécio do PSDB!" Mas o Aécio é um cara acusado de ser viciado em drogas, de ser um playboy, também não presta. "Ah, mas tem o Serra!" O Serra é antipático, intratável, autocrata. "Então tem a Marina!" Mas a Marina Silva é muito conservadora, está muito envolvida com os religiosos, com a bancada evangélica... Ou seja: parece que todos os ditos líderes têm um problema. "Ah, tem a Luísa Erundina, ela é honesta e tudo." Mas ela está com 85 anos, está velha demais e é muito de esquerda! "Ah, mas então tem o Bolsonaro!" "Só que ele é muito de direita!" Está difícil algum líder aparecer, pois todos eles têm uma série de defeitos percebidos, reais ou não. Existe um desencantamento geral com as lideranças e também com as lideranças religiosas, tanto é que a tradicional religião católica no Brasil tem falta de lideranças e estão surgindo novas religiões. As pessoas querem uma religião, qualquer tipo de religião. Então aparece lá o Bispo Edir Macedo e de repente está todo mundo adorando o cara apesar de o sujeito ser um salafrário, enfim...

J: Eu acho que existem várias coisas ali. Uma é que nos últimos anos, cresceu o nível educacional, a classe média tem mais acesso a informação. A internet faz com que pessoas as quais no passado não tinham nenhum acesso a informação, possam ter. As pessoas, por um lado, estão mais informadas. Se acrescenta o fato de que o PT, como ele era o partido do trabalhador e era o partido do povo, quando o PT assumiu o governo, ficou uma expectativa muito grande. "Nós do povo agora estamos no poder e as coisas agora serão diferentes." E as coisas não foram diferentes. Dependendo da perspectiva, poderia até se dizer que foi pior em termos de corrupção do que com outros partidos. Foi uma decepção muito grande. Repito que agora as pessoas têm mais acesso à informação e se vê mais as pessoas se posicionando, indo a protestos. Eu vejo isso como uma coisa muito positiva, ter mais pensamento crítico. Muita gente discorda e diz: "ah, agora não para mais de ter protesto, está todo mundo na rua atrapalhando o trânsito." Eu acho isso positivo, porque é o cidadão assumindo de se posicionar sobre o que está vendo. Para mim tanto faz se vai contra ou a favor do PT, mas está indo para a rua dizer o que pensa, e isso é importante. Por outro lado, a decepção acabou se espalhando, porque havia uma esperança de que esse partido iria resolver. Não resolveu e agora está todo mundo olhando de uma maneira talvez mais realista para todos os partidos.

F: Você diz que as pessoas têm mais acesso a informação, educação e a entender a informação; e por isso a decepção é maior? A decepção é maior porque as pessoas estão entendendo mais de política?

J: Acho que as pessoas estão entendendo mais e estão cobrando mais. Porque antes as pessoas ficavam numa posição mais passiva. Não entendiam bem, não liam a respeito, não sabiam o que estava se passando.

F: E aí não se envolviam tanto.

J: Agora as pessoas têm mais acesso e mesmo que não queiram, a informação está chegando nelas, porque existe mais gente com informação, mais gente comentando. Eu me lembro da minha mãe falando assim "ah, agora não dá mais pra ligar a TV porque toda vez só se fala do assunto da Dilma, do impeachment." Antes não era tão frequente ou a informação não estava chegando nas pessoas com tanta facilidade. Agora elas têm que olhar para isso. Está mais difícil eu ficar quieto, alienado. Todo mundo comenta, acho que as pessoas estão mais envolvidas com isso.

F: De repente manter a ilusão de que vai dar certo, sem se envolver, está mais difícil.

J: O fato do nível de educação ter melhorado, também dá uma melhor clareza para as pessoas, melhor possibilidade de análise das situações. As pessoas não estão se iludindo... "fecha os olhos e deixa Deus governar!" Não é assim, não é? Você tem um papel de cidadão, de cobrar que o governo, qualquer que seja, que aja corretamente. E por isso as pessoas estão analisando mais as situações e ficaram mais decepcionadas. Talvez no passado fosse mais fácil fechar os olhinhos e não ver.

F: É aquela coisa de "afinal de contas: é melhor ser um porco feliz ou ser um sábio consciente, mas angustiado?" O filósofo francês dizia que ele preferia ser um sábio angustiado do que ser um porco feliz. Mas as pessoas agora estão deixando de serem porcos felizes, porcos no sentido de ser um animal irracional e inconsciente. As pessoas estão deixando de serem porcos felizes. Estão se tornando sábios angustiados. Mas a angústia aumenta na medida em que elas não se sentem com poder o suficiente para mudar a situação. Aí a Distancia de Poder está atrapalhando. Porque se você se sente "empoderado" para mudar as coisas, se você pode ser um sábio angustiado, mas se sentindo com poder de mudar as coisas, isso é aceitável. Mas se você se sente um sábio angustiado **sem** poder para mudar as coisas, impotente, isso é mais angustiante ainda. Aí vem o desencanto. "Agora eu descobri que a situação é uma merda e eu não posso fazer nada, porque eu não tenho poder."

J: Eu acho que isso pode ter ficado também como consequência do impeachment ter ocorrido. Havia muitas dúvidas sobre se o processo era realmente válido, todas as discussões, todo o debate, mas eu acho que isso mostrou também ao povo que ele tinha o poder de mexer com a situação. De mudar.

F: Sim, mas por que as pessoas continuam desencantadas?

J: Porque mudou, mas não muito.

F: É que falta o outro pedaço. Nós conseguimos tirar a Dilma e o PT, mas ficamos com o Temer e o PMDB. Como dizem os americanos: pulamos da frigideira para o fogo...

J: Conseguimos tirar esse pedaço, mas não conseguimos mudar o outro, que é: quem veio para substituir não é muito diferente. Mas já é mais do que não conseguir nem fazer a primeira mudança. No sentido geral, desesperança no Brasil é um sentimento causado pela falta de uma liderança que realmente conseguisse unir o Pais em torno dela. Não é o Temer, ele não está conseguindo unir o País. E quem poderia ser? Não existe à vista agora alguém que podemos dizer assim: "Essa pessoa eu realmente voto e acredito." Mas pelo menos o fato de se conseguir fazer um impeachment, pelo menos metade do País ficou com a sensação de que "sim, nós podemos mudar alguma coisa."

F: Só que daí ficou faltando "bom, agora..."

J: Mudou para melhor ou pior?

F: O que vem em seguida? E aí vem nova desesperança porque está faltando alguém. "Tiramos a Dilma, mas e agora?" O Temer é pior que a Dilma. E se tirarmos o Temer, o que vem? Continua a desesperança, porque continua, de certa forma, uma esperança de que venha um novo salvador da pátria. Diante da ausência de um, fica a desesperança, porque não tem ninguém para tomar conta de nós. Na verdade, na Holanda, se diria: "Mas não precisa ninguém para tomar conta. Eu tomo conta de mim mesmo!"

J: E também nunca é só uma pessoa. Sempre se pensa uma coalisão, o governo holandês é sempre de coalisão. Não existe um líder único; pode até haver um representante, um primeiro ministro, mas nunca trabalhou sozinho. Eles sempre trabalham juntos. E no Brasil não temos essa visão, porque é diferente, é outra cultura, outra maneira de ver. Por outro lado, as pessoas estão bem mais realistas, olhando o mundo de uma maneira mais realista, no Brasil. Eu nem vejo tanto essa expectativa de salvador da pátria, mas simplesmente assim:

"por favor, alguém que não seja corrupto." Se houver isso, o país já vai muito bem.

F: É, mas está difícil, porque são muito poucos aqueles de quem se pode dizer: "esse não é corrupto, não tem envolvimento." E a imprensa também não ajuda, porque vende mais quando dá notícias ruins... Então a manchete é sempre "qual foi o último, o mais recente corruptor ou o mais recente escândalo?" Ninguém abre manchete dizendo: "achamos um político honesto." A manchete é sempre "mais um desonesto desmascarado." Porque a noticia ruim vende mais.

27.   O sonho da casa própria

J: O sonho da casa própria tem uma ligação forte com o Controle da Incerteza. É aquele sonho de você ter o seu próprio lugar, pode ser até uma coisa de controle da sua vida, no sentido de que o seu destino está um pouco mais seguro, você tem um ninho, tem um lugar onde pode viver sua vida e ter sua família, enfim, dá uma segurança, essa segurança do ninho. O sonho da casa própria está na cabeça de todo brasileiro, ter um lugar seguro para chamar de seu.

F: É curioso que quando o Hofstede visitou o Brasil anos atrás e ele disse: "olha, na minha pesquisa apareceu que o Controle da Incerteza é uma coisa alta no Brasil," muita gente reagiu e foi contra: "nós não vemos isso, acho que não tem nada a ver!"

J: Até hoje tem gente que discorda do resultado da pesquisa.

F: Não entendem realmente o que quer dizer "Controle da Incerteza" na definição do Hofstede.

J: O conceito é diferente daquilo que se pensa na linguagem coloquial. O escore brasileiro é alto sim. Falamos de outras coisas como o *double check*," que é checar duas vezes, ter certeza de que tudo está funcionando direitinho. É comum no Brasil conferir, ter certeza, ligar para saber antes se a reunião que foi marcada está ok, porque pode ser que você chegue lá e não esteja a pessoa com quem você precisa falar. Tudo precisa ser reconfirmado. Agora que nós moramos fora, não estamos mais acostumados a isso. Não achamos necessário conferir uma reunião ou reconfirmar alguma coisa. Agora nós nos damos conta de quantas vezes as pessoas confirmam contigo a mesma reunião que já está marcada há muito tempo; e ainda conferem de novo no dia anterior. Até no mesmo dia de manhã, é capaz de alguém ligar ou mandar um e-mail ou um *Whatsapp* para conferir se você está à caminho. É a confirmação da confirmação da confirmação. Não estamos mais acostumados com isso.

F: Eu também recebo e-mails de brasileiros e depois recebo um *Whatsapp* perguntando se eu recebi o e-mail; porque eu não respondi o e-mail imediatamente e querem saber "você recebeu o e-mail?" e eu digo "recebi." E aí perguntam: "você leu o recado por Skype? Deixei mensagem pra você, viu a mensagem no *Whatsapp*?"

J: Por outro lado, eu continuo fazendo isso, às vezes. Mesmo lidando com outras culturas, nas quais não se precisa tanta re-confirmação, continuo tendo uma dose disso, de querer a confirmação de que o outro recebeu. Eu continuo tendo essa necessidade, mesmo sabendo que aqui não é preciso confirmar. Isso está muito arraigado.

F: O que acontece é que o Brasil tem um ambiente muito dinâmico, onde muita coisa realmente muda e o ambiente é menos estável do que, por exemplo, se vê na Europa.

J: Em alguns países, na maioria dos países europeus.

F: Como muda muita coisa, as pessoas tentam controlar a incerteza desse ambiente em eterna mudança. No Brasil as pessoas tentam controlar isso, por isso deu um alto Controle da Incerteza na pesquisa. O pressuposto é de que as coisas estão mudando muito rápido. E elas mudam por quê? Por causa da alta Distancia de Poder. Quando o chefe muda de ideia, ninguém contesta. Todo mundo tem que seguir a vontade do chefe, então o cara diz: "nós temos que fazer uma reunião amanha." Aí meia hora depois alguém avisa para ele: "não dá, porque amanhã você já tinha marcado ir não sei aonde." "Então cancela as reuniões de amanhã." Essa coisa muda muito rápido por causa de fatores da própria cultura, a alta Distancia de Poder faz com que ninguém conteste as mudanças impulsivas feitas pelo chefe. Os indivíduos mudam de ideia e isso faz com que todas as coisas que dependem daqueles indivíduos mudem.

J: Sem contar também a flexibilidade. A dimensão OLP (flexibilidade versus disciplina) tem escore maior no Brasil do que, por exemplo, na Alemanha. Além das coisas mudarem de uma maneira muito mais rápida, as pessoas flexibilizam com facilidade. E ainda se acrescenta o aspecto dos relacionamentos. Para atender o relacionamento, se aceitam mudanças a toda hora. Então, quando você põe todas as dimensões no contexto, você tem um país onde as coisas mudam com muita frequência. E isso leva as pessoas a buscarem mecanismos para aumentar a segurança.

F: Uma parte da cultura faz com que tudo mude muito rápido, com muita frequência, com muita facilidade. E isso faz com que uma outra parte das dimensões compense isso. As pessoas têm uma necessidade de controlar um pouco essa incerteza. Afinal de contas muda tanto, então precisamos ter alguma coisa para tentar equilibrar. Por comparação: na Alemanha, todos esses fatores acontecem ao inverso, ou seja: a cultura não tem alta Distancia de Poder; então as coisas não podem mudar tão facilmente, só porque simplesmente um chefe resolveu que vai mudar, porque as pessoas não aceitam. Dizem: "não, espere aí, foi combinado que ia ser assim."

J: E também foi planejado no detalhe e agora vamos mudar o plano? Não pode. É uma outra história.

F: É preciso ter uma justificativa muito boa, não é só porque o "Herr fulaninho" resolveu mudar que se vai mudar. Não se aceita isso. Além disso, todo mundo tem justamente mais disciplina e menos flexibilidade. As pessoas, quando veem uma mudança inesperada, se incomodam. Dizem "não, não pode! O senhor quer cancelar a reunião na véspera? Não, agora está marcado. Não pode cancelar na véspera. Para cancelar tem que ser com um mês de antecedência." Tudo funciona de outro jeito, embora na verdade na Alemanha até mesmo assim o Controle da Incerteza continua muito alto. Eles têm tanta necessidade de estrutura que isso acaba afetando todas as dimensões culturais. Tudo está na linha de controlar a incerteza e ter a disciplina, o que mostra de novo que cada cultura tem suas características.

J: Funciona de uma maneira diferente. As mesmas dimensões interagem e se somam, podem ter até o mesmo escore, mas elas se combinam de maneira diferente, porque você tem todo o histórico daquele país, que é único.

F: Mas então, voltando ao Brasil: se vê que as coisas mudam com muita frequência e rapidez e as pessoas precisam então de alguma forma controlar a incerteza que isso gera. A necessidade da casa própria é uma das coisas que se envolvem no meio dessas loucuras.

J: Se eu tenho meu lugar para ir, para me refugiar, isso me ajuda. Uma incerteza a menos, de não ter onde morar.

F: Outra coisa é essa vontade de haver legislação abundante. Como o mundo é todo incerto e cheio de mudanças, é preciso ter muitas leis, proibindo isso, proibindo aquilo...

J: Para cada coisa existe uma lei. Isso é o que dá uma certa segurança: se você precisar, você lança mão daquela lei.

F: Mesmo que as pessoas, por falta de disciplina, desobedeçam à lei. Mas é preciso haver uma lei. E aí, quando as pessoas estão desobedecendo àquela lei, então se pede uma lei que diga que a lei precisa ser obedecida. Então fica até um troço surreal de lei em cima de lei e dizendo: é proibido descumprir a lei. Isso tudo já deveria estar inerente, mas essa necessidade de reconfirmar o que já foi reconfirmado e assim por diante, leva a essa necessidade de legislar em cima daquilo sobre o qual já foi legislado. Não é necessário haver mais leis, porém as pessoas sentem essa necessidade. Elas pedem mais leis em cima daquilo a respeito do qual já existem leis. E em cima disso tudo vem a religiosidade, que é invocar a lei de Deus e o sobrenatural, tudo para controlar a incerteza.

J: No Brasil isso funciona como uma proteção adicional: você tem os Deuses ao teu lado. Na Índia eles têm uma coisa muito parecida, eles invocam mais de um Deus. Não só o próprio hinduísmo tem vários deuses, mas eles até acreditam em mais de uma religião ao mesmo tempo. Você pode rezar em dois templos diferentes, assim como no Brasil é possível ser católico e fazer uma oferenda para Iemanjá no Ano-Novo. Você está na verdade passando do catolicismo para o candomblé, mas é que assim você consegue outro deus que vai poder estar ao seu lado, é outra maneira de sentir segurança e de ter mais forças ao seu favor, mais coisas que você pode lançar mão, mais proteção. E com isso, controlar incerteza. É importante lembrar um pouco do conceito de Controle da Incerteza: são aqueles mecanismos que cada cultura lança mão ou cria para se precaver das incertezas que a vida e que as situações de vida trazem.

F: Evitar a ambiguidade, evitar a dúvida.

J: Toda a cultura tem esses mecanismos; e algumas têm mais e algumas têm menos, porque algumas têm mais necessidade de controlar as incertezas e algumas têm menos necessidade. E isso ocorre por motivos diferentes, conforme nós estávamos falando. No Brasil, por causa de tanta instabilidade, de muita mudança, o Controle da Incerteza é alto. Na Alemanha é o inverso. Apesar de tudo ser muito estável e estruturado, existe uma necessidade de muito controle.

F: Existe uma necessidade maior de controle que faz com que a cultura seja mais estável e mesmo assim se continua controlando a incerteza...

J: Para não desandar, para não sair da linha, não mudar.

F: Vamos falar um pouco dos EUA. É um exemplo de um país no qual o Controle da Incerteza é relativamente baixo, mais baixo do que no Brasil, mais baixo do que na Alemanha, embora não seja o mais baixo do mundo.

J: Qual é o escore mais baixo do mundo em CDI?

F: É Cingapura.

J: Um país-cidade que tem quase um terço da população vivendo lá como estrangeiros.

F: Na cultura americana, o que existe de estabilidade já é o suficiente para não precisar muito de Controle da Incerteza. A cultura americana não é tão estável quanto a alemã, nem tão dinâmica quanto a brasileira, está entre as duas. Se valoriza muito na cultura americana a capacidade de lidar com o imprevisto, resolver na hora o inesperado; e o foco está todo no desempenho. "Yes, I can" sim, eu consigo, eu vou lá e faço.

J: Isso é um fator interessante: a influencia do Individualismo. A pessoa, à medida que se sente segura de si e confiante, se sente mais confiante, mais tranquila para enfrentar a incerteza.

F: No Brasil a gente tem essa coisa de...

J: ...deixa comigo que eu resolvo!

F: Mas ao mesmo tempo existe um sentimento coletivo de um complexo de vira-lata, de que o brasileiro é um povo pior do que outros. Existe uma coisa que oscila entre se sentir pior do que os outros, e isso então diminui a confiança; e quando as pessoas têm alta confiança, têm muita esperança, aquela coisa de "a esperança é a última que morre", e aí então se consegue realizar alguma coisa e cai no outro extremo, aí explode. O ponto de partida é: eu sou um vira-lata, eu sou pior do que os outros. E aí quando eu consigo fazer alguma coisa então eu sou melhor do que todo mundo. Acho que vai de um extremo para o outro. Eu vi isso muito nas olimpíadas, aquela coisa de superação pessoal. A maioria das notícias que eu via eram em cima de "o fulano é campeão, mas é porque ele começou lá em baixo." As histórias de superação pessoal, elas parecem que são mais valorizadas.

J: Não devem ser as únicas histórias que estão ali na olimpíada, mas são as escolhidas pela imprensa para serem mostradas ao público, são mais essas historias de superação.

F: Exato. Os editores dos sites, dos jornais, eles escolhem o que eles acham que é mais valorizado na cultura. Eles tendem a escolher histórias de superação pessoal. Aquele sujeito que "nasceu em berço esplendido", sempre foi bom naquilo que fazia desde pequenininho e se torna campeão, isso não é tão interessante quanto aquele que nasceu em família pobre, teve problemas na sua infância, quase morreu de fome, teve uma doença que ele teve de superar e aí então conseguiu ser campeão. Essa é a história favorita, tudo que puxa para esse lado é valorizado.

J: O que me chamou a atenção foi aquela história da menina do judô...

F: Sim, a Rafaela, porque ela perdeu em Londres e aí teve gente que a criticou muito. Disseram que ela era uma vergonha para o Brasil. É curioso como o Brasil tem essa coisa do extremo. Quando uma grande esperança é frustrada, as pessoas ficam com raiva de quem frustrou essa esperança. Isso acontece muito no esporte. Por exemplo, com o Felipe Massa na F-1. As pessoas xingam o Massa porque ele foi só vice-campeão. Porque ele não teve tantas vitórias quanto o Senna ou o Piquet, ou o Fitipaldi, mas não valorizam tudo o que ele fez.

J: E o Rubinho também é tão achincalhado...

F: Existem 40 pessoas no mundo que correm na F-1 atualmente, é um grupo pequeno. Se houver dois ou três brasileiros entre esses 40, não é o suficiente para o cara ser admirado e aplaudido? Quando a pessoa chega na F-1, existe uma cobrança de "bom, mas agora o cara tem que ser tão bom quanto o Ayrton Senna!" Ora, o Ayrton Senna era único, era excepcional, foi o melhor do mundo! Até hoje, as pessoas consideram, não só os brasileiros, mas na Inglaterra todo mundo acha que o Ayrton Senna foi o melhor de todos os tempos. O que é difícil na cultura brasileira é aceitar que você tem um cara que é o 4º melhor piloto brasileiro da história, e que ele também merece ser aplaudido. Se ele é o 4º no ranking, as pessoas dizem: "Ah não, ele é um desastre! Porque deixou o Schumacher passar na corrida tal," então caiu na desgraça. E vários outros pilotos em varias equipes de F-1 fazem isso até hoje e não são execrados pelas suas respectivas culturas. O pessoal esquece também que, no caso do Massa, ele teve um acidente feio que atingiu o cérebro dele, as pessoas esqueceram isso rapidamente. Só o fato do Massa continuar correndo na F-1 já é uma história de superação pessoal. Mas o pessoal fala "ele não vence mais as corridas, nunca mais ganhou uma corrida!" Foi um milagre ele não ter morrido, um milagre ele não ter ficado paralítico. Foi um milagre ele conseguir competir no mesmo nível desses outros 40. O Massa não é o melhor piloto da atualidade, sem dúvida, mas está entre os 10 melhores. Já é um feito, mas as pessoas não perdoam porque a expectativa é que ele tinha de ser tão bom quanto o Senna.

Acho que com a Rafaela aconteceu coisa parecida. Era uma grande esperança na olimpíada de Londres, "mas a mulher é muito boa! Tem esperança de ser medalha de ouro em Londres"- e aí quando ela perdeu e não ganhou a medalha, ficou uma raiva desmedida, ao ponto de falarem mal dela e fazerem comentários racistas, querendo dizer que ela era uma vergonha para o Brasil. E agora que ela ganhou, estão colocando ela como a nova santa a ser canonizada... É essa coisa de pular de um extremo para o outro. Do céu ao inferno com facilidade.

J: Isso existe também na cultura americana. É muito fácil o americano pegar alguém logo como herói, porque ganhou, ou logo execrar porque perdeu. Mesmo um grande herói; quando perdeu, fica abaixo da crítica. É visto como um horror.

F: Acho que outras culturas têm menos disso. Eu vejo como é diferente na França, na própria Holanda; existe um respeito maior. Na cultura holandesa, por exemplo, não se idolatram os heróis da mesma forma.

J: Não se idolatra e, por outro lado, é raro ver alguém que vira meio herói na cultura.

F: Mesmo os heróis são criticados... e até porque não querem que ele tenha tanto destaque. Quando acontece de alguém se tornar herói, já tem alguém que desfaz do cara: "ele também não é tão bom assim." Para que não haja, enfim, um destaque exagerado. E por outro lado, quando cai...

J: Também não cai demais, porque não é preciso se ter uma vida em que você é 100% ou em que você é o primeiro o tempo inteiro. As pessoas veem como é normal você também ter momentos em que você perde, não fica entre os primeiros. A expectativa é menor.

F: Existe mais compaixão.

J: Existe o lado da compaixão, pelo lado feminino.

F: A simpatia pelo *underdog*, o menos favorecido.

J: Existe também o lado da pouca ambição: a cultura holandesa tem pouca ambição. Nesse sentido, a cultura não ajuda a buscar excelência. O trabalho está mais ou menos e já está suficiente. Sempre me chama a atenção na *Tour de France*, que é uma corrida de ciclismo, como é que os holandeses não estão sempre na ponta? Eles vivem, acordam, nascem em cima da bicicleta... (risos) Deve haver alguma mãe que teve um neném em alguma bicicleta. Que nasceu ali e já foi sentindo o balanço de como é que pedala. Porque desde pequenininho o holandês está ali com a mãe na bicicleta e depois logo que o pezinho começou a funcionar, já vai para a sua própria bicicletinha e aprende a ter autonomia. Como é que os holandeses não são campeões todos os anos? O que realmente explica é o lado de não existir uma ambição tão grande de ganhar. É claro que existem indivíduos que têm sim essa ambição de vencer e por isso até uma holandesa ganhou no ciclismo nas olimpíadas, mas a *Tour de France*, ela foi durante anos dominada por americanos e ingleses. Os holandeses nunca dominaram.

F: Se alguma vez algum holandês ganhou a *Tour de France*, deve ter sido há muitos anos. (*Nota: em toda a história da corrida houve apenas dois vitoriosos da Holanda: em 1968 e em 1980*). É porque realmente não existe aquela ambição desmedida, muito grande, de ser o melhor. O holandês já se sente satisfeito de terminar entre os 10 primeiros. E aí sim, é comum na *Tour de France* se ver um holandês entre os 10, mas não sendo o vencedor.

Agora, voltando ao Brasil, eu acho curiosa essa coisa da síndrome do vira-lata. Isso me incomoda porque o vira-lata é um mestiço, e o brasileiro médio é um mestiço, uma mistura de raças. Isso deveria ser motivo de orgulho ao invés de ser motivo de complexo de inferioridade. "Eu sou vira-lata, logo sou pior que os outros." Deveria ser: "Eu sou vira-lata, logo eu até sou melhor do que os outros." Ou sou tão bom quanto. Achar que ser mestiço é ser pior do que os outros, na verdade, é racismo. É achar que a raça pura é melhor do que a mistura. Eu acho que isso é um resquício da ideologia nazista e do pensamento dos anos 30. Quando se achava que raça pura era melhor do que a mistura.

J: Isso no Brasil é muito anterior aos anos 30. Historicamente houve momentos em que se queria purificar a raça brasileira e por isso começou a se abrir as portas do Brasil para a imigração dos europeus, para tornar a raça mais pura e mais branca. E queriam exterminar com o mulato. Então o Brasil tem isso desde o Império.

F: Concordo, o racismo vem de séculos, é uma coisa tribal. Quem é da nossa tribo, da nossa raça, é melhor do que os outros e não se deve misturar. Mas o que eu quero dizer é que isso é uma coisa que deixou de ser legal nos anos 40. O racismo leva ao genocídio justamente de outras raças. Na verdade, geneticamente falando, quem é misturado pode ter uma bagagem genética mais rica e com maior capacidade de lidar com desafios do ambiente, doenças e um monte de coisas. Então há 70 anos já se sabe que a mistura é melhor do que a raça pura. Mas ficou um resquício de racismo. A cultura é muito perene e os valores vão se transmitindo de geração em geração e levam séculos para mudar, quando mudam. Ficou esse resquício de achar que os vira-latas em si são uma coisa ruim. Precisamos mudar isso. E ver que os vira-lata em si são uma coisa boa. Tao boa quanto as outras raças de cachorros. Os brasileiros não deveriam sentir vergonha de serem mestiços.

J: Existe uma mudança no horizonte, embora seja gradativa. Não com a globalização econômica, mas com o fato de as pessoas viajarem mais, conhecerem outras pessoas. Você acaba tendo relacionamentos de amizade e até formando laços de família com gente de outras tribos. Muita gente viajando, conhecendo os outros e morando em outros lugares, isso está se multiplicando e acontecendo em maior numero, cada vez mais. Acho que existe uma oportunidade no mundo para que as pessoas se tornem mais raça mista e isso possa ser mais bem visto. Podemos até discutir como vai ser essa coisa do limite de nacionalidade, o limite de países. Nós vamos continuar a ter nações, desse jeito?   Por quanto tempo? Quando as nações vão começar a abrir suas fronteiras?

F: É apenas um inicio, mas essa tendência já começou, as nações têm os seus dias contados. Podem ser muitos dias, cem ou duzentos anos, mas o nacionalismo já começou a decair. Vai se precisar organizar a sociedade de uma forma diferente do que nações e a comunidade europeia é um exemplo disso. Uma comunidade única em termos de um mercado único e até uma união politica maior. De certa forma isso acaba com as nações, como elas eram. E é claro que isso gera muitos conflitos, existem muitas pessoas dentro delas que não querem acabar com a nação, mas existem também muitas pessoas que estão perfeitamente confortáveis e esses querem acabar com as nações.

J: Se olharmos pelo aspecto cultural, a tendência vai ser de dar mais espaço para as minorias. A União Europeia vai se manter para economia e politica; e decisões que afetam todos esses países juntos. Mas quando se vai para o aspecto cultural da sociedade em si, você pode ter, por exemplo, dentro da Holanda pelo menos dois ou três países, digamos assim. Grandes comunidades que culturalmente são diferenciadas. Na Itália já se identificaram culturas diferentes funcionando em várias regiões dentro do país.

F: Existem duas ou três identidades culturais diferentes dentro do mesmo país. Dentro da Europa existem 28 ou 29 nações membros da União Europeia, mas existem mais de 100 culturas diferentes nesses países. Já no Brasil, temos uma unidade político-econômica no País, mas existem várias identidades culturais fracionadas.

J: Por exemplo: todas as nações indígenas...

F: Isso foi no passado, mas mesmo hoje em dia temos o Rio Grande do Sul, diferente do Paraná, diferente de Pernambuco, da Bahia, os cariocas, paulistas, mineiros. Essas são identidades culturais regionais, locais, e que precisam ser na verdade fortalecidas, sem que isso signifique acabar com a unidade político-econômica do Brasil. Mas é que o conceito de nação é diferente. Quando as pessoas dizem que "as pessoas precisam fazer um plebiscito para separar o Rio Grande do Sul do resto do Brasil" isso é bobagem! A identidade cultural do Rio Grande do Sul é uma coisa, a união politica e econômica é outra coisa. Essas coisas precisam ser separadas. O próprio Rio Grande do Sul tem regiões diferentes.

J: Não se pode nem considerar apenas os Estados no Brasil, porque existem identidades diferentes das fronteiras. Os gaúchos na verdade são os *gauchos* do Pampa. Quando se abre a fronteira do Brasil com o Uruguai e a Argentina, se você olha para a região cultural, existe uma região cultural de *gauchos*, que é gente do Uruguai, gente do Rio Grande do Sul, gente da Argentina, que todos têm uma unidade cultural de tradições e valores. E aí se você olhar para o Brasil, só de nações indígenas (e graças a Deus nós ainda temos tantas), existem duzentos e tantas nações indígenas; e cada uma com sua identidade cultural.

F: Em termos de Rio Grande do Sul, quando se fala de gaúchos, na verdade estamos falando da identidade cultural do pessoal da região da fronteira, que é diferente do pessoal da serra, ou da capital, Porto Alegre, ou do pessoal que fica mais no litoral. As identidades são diferentes. São várias, são micro identidades culturais. E essas tendem a ser reforçadas. Isso faz parte da identidade individual de cada um, a identificação com a comunidade onde a pessoa se criou. Isso é diferente da união politica e econômica. Faz sentido que a união politico e econômica sejam do tamanho do Brasil hoje ou que seja do tamanho do MERCOSUL, por exemplo. O MERCOSUL não tem nada a ver com uma identidade cultural única, mas tem tudo a ver com ter uma união politica e econômica única, que pode ser mais interessante e trazer mais riqueza material e mais estabilidade para uma enorme comunidade que transcende os países atuais. Mas a identidade cultural vai ser cada vez mais micro, cada vez mais fracionada. Isso não é um problema, não existe uma contradição entre essas duas coisas. Historicamente, desde que nasceu o nacionalismo, se acha que essas coisas andam juntas, mas o nacionalismo como modelo, como você já disse, está começando a se desmanchar.

J: Eu comecei a falar disso: que no Brasil, com o fato da globalização e das pessoas começarem a ter mais acesso a informação e a poder viajar, ir para outros lugares, isso tem toda uma influencia de começar a aceitar melhor o brasileiro como uma raça mista, e ter orgulho disso. Foi legal ver a cerimônia de abertura dos jogos olímpicos, que mostrou as três raças importantes nas raízes da formação da cultura brasileira e depois as outras que vieram. Na verdade não mostraram todas as que vieram, pois haviam algumas importantes, como a italiana e alemã também.

F: Eu gostei de ver na olimpíada é que justamente esse conceito do que é ser brasileiro ou italiano ou holandês ou americano, isso começa a ser contestado quando existe, por exemplo, no judô, um holandês lutando com o nome de Dex Elmont e era um mulato. Do ponto de vista racial ele não era da raça típica da Holanda. A Holanda já está como um país misturado e tem então negros, mulatos, gente vinda do mundo inteiro...

J: Indonésios, surinameses...

F: Vários países estão mais misturados. O brasileiro medalha de prata no tiro é um oriental, mas nascido e criado no Brasil. Existem vários exemplos de atletas que estão defendendo o seu país, mas do ponto de vista étnico, eles têm origens diferentes e misturadas. Isso aponta numa direção de que no futuro, daqui a 100 anos, 200 anos, as nações vão se rearranjar de forma diferente.

28. Plano B

J: Muitas pessoas na Holanda, especialmente os estrangeiros com os quais nós lidamos, tendem a pensar que os brasileiros não se planejam. E nós mesmos brasileiros costumamos dizer isso, que somos ruins em planejamento. Mas isso é em termos de não sentar para planejar conscientemente, de discutir no detalhe, escrever um plano formal e fazer tudo com antecedência, tudo aquilo que um bom planejamento poderia exigir.

F: Em termos de realmente escrever um plano.

J: Escrever e fazer isso com muita antecedência e levar a sério: sentar, discutir, enfim. Por outro lado, o brasileiro tende a pensar nas alternativas que deve ter em mãos, se a coisa falha: "Eu tenho que fazer tal coisa, mas se não der certo, o que eu faço?" É o que chamamos de plano "B". Se não der certo o que estou planejando, o que eu poderia fazer? E mais até do que o plano "B": o plano "C", o plano "D" e assim por diante. Fica tudo mais ao nível do pensamento, sem escrever um plano, mas o pensamento vai longe ao pensar em alternativas.

F: Eu reconheço que se alguém se dirigir a um grupo e disser "vamos fazer isso, isso e isso"... sempre tem alguém que fala: "e se não der certo?"

J: Exatamente. O que a gente faz?

F: Embora a resposta possa ser muitas vezes: "Ah, aí a gente vai ver."

J: É!

F: Eu concordo que não temos muito essa coisa de efetivamente formalizar o planejamento, no sentido de escrever, de fazer um plano formal mesmo. O que se faz é só pensar e falar nisso. "Putz, se faltar luz e cair o computador, o que a gente faz?" O outro diz: "pra isso a gente instala um 'no-break." Mas e se der pane no nobreak? Aí nos vamos ver. As pessoas pelo menos pensam: "se der pane no no-break?"

J: Eu acho importante considerar o que você está dizendo, mas a verdade é que nós temos a expressão "o plano 'B'", não é?

F: Mas isso não é apenas uma expressão cultural, isso existe em todas as culturas. Certamente isso existe nas culturas anglo-saxônicas, por exemplo.

J: "Plan B"

F: E talvez lá tenha se originado essa expressão. Mas o que mais você queria me dizer sobre o plano "B"?

J: É algo que está ligado ao Controle da Incerteza, que é alto no País. Por um lado a cultura brasileira não valoriza ficar formalizando coisas, ficar escrevendo, sentar ou oficializar, fazer reuniões para planejar. Reunião de planejamento as pessoas não gostam. Mas, por outro lado, elas não deixam de pensar em alternativas. Acho que elas se preocupam em ter alternativas e até se preparam, mas fazem isso mentalmente e verbalmente; só que não param formalmente para escrever, para fazer uma coisa oficial em termos de trabalho. Existe, porém, uma forma de planejamento informal que é a preocupação de pensar na frente sobre o que aconteceria e o que eu poderia fazer, caso aquilo que eu estou agora planejando fazer não aconteça.

F: Isso é uma coisa de Controle da Incerteza, sim; assim como aquilo que já falamos noutro capítulo: o costume de reconfirmar os compromissos. Você marca uma reunião, uma entrevista ou um encontro para daqui a duas semanas e na véspera você liga para perguntar: "está tudo certo para amanha?" Isso tem a ver com a preocupação sobre "se não der certo?" E se eu vou amanhã e o cara esqueceu? Para evitar essa incerteza, eu ligo para reconfirmar. Em outras culturas sabemos que as pessoas não reconfirmam. O que foi combinado está combinado.

Se eu for no compromisso e o outro cara tiver esquecido, aí ele é quem está mal, afinal de contas, compromisso não se esquece. E se houver um problema, aquela outra pessoa tem o dever de me avisar antes. Em principio, não preciso me preocupar com isso. Nas culturas que têm baixo escore de Controle da Incerteza, existe menos preocupação com o que vai acontecer.

J: Nas culturas que têm baixo Controle da Incerteza e baixa Distância de Poder, também você pode esperar que o outro teria que te avisar, ou que o outro vai se desculpar; mas numa cultura em que o outro é mais poderoso, você é que tem que se preocupar, não é? O outro não vai se preocupar em te avisar.

F: Sim, quando o encontro...

J: É com alguém mais poderoso que você, então é você quem tem que se preocupar. E se o cara te deixar esperando, ele não tem que ficar dando grandes explicações. Manda a secretária dizer: "Sinto muito, ele não vai poder..."

F: E as culturas que têm tradição de planejamento, como a alemã? É uma cultura que tem alto Controle da Incerteza. Bota todo o Controle da Incerteza no planejamento.

J: Podemos dizer que existem outros fatores da cultura que influenciam para que eles queiram que a coisa seja tão estruturada e organizada. Para começo de conversa, o conjunto das características da cultura alemã fazem ela ser tão detalhista e controladora.

F: Preocupada com estrutura, organização, disciplina, responsabilidade de cada um.

J: Muito mais do que no Brasil. A estrutura e o controle no Brasil não são tão importantes. O outro exemplo em que eu havia pensado, era justamente com a Alemanha. Era sobre a Carolina (De Marchi Pereira de Souza) fazendo aquele evento do *Campus Party* e indo ajudar na Alemanha a organizar um evento semelhante. Chegando lá, ela estava responsável por receber o palestrante brasileiro; e conversando com o colega dela alemão, ela dizendo "Está, ok! Ele vai entrar por aqui, passar por ali, e sobe no palco pela direita. E se ele entrar por outro lugar?" Aí o alemão disse: "mas não tem isso, ele vai entrar pelo lugar planejado!" Ela insistia: "Sim, mas se ele resolver entrar por outro lugar, se ele se perder, o que a gente faz, qual o plano 'B'?" E o alemão insistia que não, o procedimento é esse e precisa ser seguido! Havia uma coisa que era da segurança, era exigência das pessoas que iam fazer a segurança dele. Aí ela queria saber: "Está bem, mas se falhar aqui, como fazemos a segurança?" E os caras ficaram dizendo que não existe essa alternativa de falhar. Existe o procedimento e ele tem que ser seguido.

F: A diferença aí está na disciplina

J: Na flexibilidade e na disciplina.

F: O alemão parte do pressuposto que cada um vai cumprir o seu papel e quando o brasileiro diz assim: Mas se alguém não cumprir? Aí o alemão responde:

J: Como assim? Não existe! A pergunta foi exatamente essa: "Como assim, se não der como a gente planejou?"

F: "Se ele não entrar por onde é pra entrar? Impossível!" E a mentalidade brasileira é: tudo pode dar errado... Porque o pressuposto do brasileiro é: as pessoas não cumprem o que foi planejado, não cumprem com seu papel necessariamente, porque elas são flexíveis, porque acontecem imprevistos, ou as pessoas não cumprem por terem mais poder e decidem...

J: Se querem ou não entrar por esse lugar aqui...

F: Se Paulo Coelho é uma grande autoridade, um escritor de renome internacional e se ele resolver que ele quer entrar por outro lugar, então ele vai entrar por esse outro lugar e a gente tem que concordar com isso. O alemão diria assim: "Herr Coelho, o senhor não pode entrar por outra porta que não seja essa, porque foi planejado para que seja assim." E o Paulo Coelho, se fosse alemão, diria: "Ah, sim então vou fazer as coisas de acordo com o plano. Porque algum especialista fez esse plano e eu respeito a capacidade desse especialista." Agora, o Paulo Coelho sendo brasileiro, vai ficar olhando para o cara e dizer assim: "Quem você pensa que é? Com quem você pensa que está falando? Eu sou Paulo Coelho! Eu entro por onde quiser!" Então existe esse conjunto de valores sempre, não é só o Controle da Incerteza. Isso ajuda a explicar porque o Controle da Incerteza na Alemanha funciona de um jeito diferente do Controle da Incerteza no Brasil. É porque o CDI brasileiro se associa com as outras dimensões de valores.

J: Claro! Na verdade, todas as características, as dimensões sobre as quais a gente fala, se revelam e se manifestam de maneira diferente em cada país, porque existe sempre o conjunto de dimensões funcionando ali. E além disso, as dimensões não explicam 100% da cultura.

F: Segundo o próprio Hofstede, ele calculou que as dimensões de valores podem explicar apenas 55% das situações

J: O resto fica por conta da História, da própria Geografia, tudo aquilo que aquele povo desenvolveu.

29.   O papel do paizão

F: Eu acho que quando se fala em hierarquia e Distância de Poder, a primeira coisa que vem à mente é o pai severo. É a hierarquia num sentido coercitivo, restritivo, punitivo. O pai punitivo é o chefe que humilha os subordinados.

Mas existe também a hierarquia do paternalismo, do pai benevolente. Existem os dois estilos do exercício do poder na hierarquia. O pai severo, punitivo, e o pai benevolente, que é o paizão, que é bondoso, que é magnânimo com os outros, mas que quer ser respeitado. Ele é um pai que exige respeito, mas que cuida das pessoas.

J: Que é bondoso, que é magnânimo, desde que... todo mundo respeite e faça o que ele manda. (risos)

F: Porque se não fizerem o que ele manda, ele pode se transformar rapidamente no pai punitivo.

J: O paizão também usa a punição; só que ele usa muito menos. O que é mais característico é justamente ser aquele que cuida, que entende, que conhece. Conhece a família, conhece a pessoa, sabe o que está acontecendo com a pessoa e até usa isso a seu favor. Esse é o tipo de hierarquia mais comum no Brasil, mesmo nas empresas.

F: É o paternalismo. É um pai bom, digamos assim, mas que exige o respeito absoluto. E o curioso, então, é que as pessoas no Brasil idolatram realmente esse Paizão. Elas adoram, admiram, gostam muito, elas têm amor por esse pai e não chegam nem a se dar conta, muitas vezes, que esse pai está tendo um privilégio exagerado, que usa o poder de uma maneira indevida. As pessoas veneram e idolatram esse Paizão. Eu vi isso muito no Banco Real com o Doutor Aloizio, que era o dono do banco. Ele era idolatrado por grande parte dos funcionários. Nem todos, talvez; algumas pessoas tinham uma visão mais crítica. Muitas pessoas até hoje amam e veneram o Doutor Aloysio e não acham ruim o fato de que ele exercia o poder de uma forma absoluta.

J: Sim, mas dá alguns exemplos de como é que ele exercia o poder absoluto e dá alguns exemplos de como é que ele era o paizão bom, o que que ele fazia com as pessoas.

F: Um exemplo do poder absoluto é que uma vez ele ligou para um gerente lá da empresa, quer dizer, não era uma pessoa que estava na parte mais baixa da hierarquia, mas uma pessoa que estava na parte média, e disse assim: "Eu preciso que você vá para Belém do Pará." E a pessoa disse: "Pois não, Doutor Aloysio. O que é que o senhor quer que eu faça em Belém do Pará?" "Está fazendo perguntas demais, vou arranjar outra pessoa." E bateu o telefone. (risos) O que ele queria era uma obediência cega.

J: É, incondicional. Vai lá porque você tem que confiar que eu estou lhe mandando para fazer alguma coisa importante, então você vai.

F: Se a pessoa disser: "pois não, eu vou;" "sim, estou indo;" aí ele até vai explicar o que é para fazer. Mas perguntar o que é para fazer antes de aceitar, ele já considerava uma ofensa. E aí já dispensava o cara dizendo "não quero mais que você vá, está fazendo perguntas demais". Esse era um exemplo de um certo abuso do poder.

Por que ele era considerado um pai bom? Na verdade, porque todas as promoções tinham que ser aprovadas por ele pessoalmente. Todo mundo que era promovido se considerava, dessa forma, o receptor de um presente. Aquilo era visto como uma dádiva e não como uma conquista pessoal por mérito, porque se sabia justamente que o mérito muitas vezes não tinha nada a ver. Se o cara tinha mérito, mas fazia muitas perguntas, não era promovido. Mas aqueles que tinham lealdade incondicional, esses eram premiados. Fazia parte dessa lealdade incondicional, a adoração. As pessoas achavam: "o cara é maravilhoso porque depois de apenas cinco anos nesse cargo, ele me promoveu. Que homem bacana". Não se davam conta de que eles podiam estar sendo explorados, ou de que a promoção, na verdade, era merecida muito antes. Quando vinha alguma coisa boa, isso era considerado o máximo.

E ele era uma pessoa de comportamento bem educado. Ele não xingava as pessoas. Ele podia dizer "você está fazendo perguntas demais," e desligar o telefone, mas não chegava a ofender o outro, ou bater boca. Ele exercia o poder de uma forma discreta, elegante e educada. Mas de uma forma inequívoca também, que deixava bem claro: "quem tem o poder sou eu, me obedeçam ou sofram as consequências." Mas ele não era do tipo de dar murro na mesa e gritar com os outros. Por isso, muitas vezes as pessoas gostavam dele, porque ele tratava todo mundo com educação, com polidez.

No Brasil, acho que a grande maioria das empresas têm esse estilo paternalista. Não só do dono da empresa, o presidente, mas muitas vezes um "gerentão." A empresa também pode tratar os seus subordinados de uma forma semelhante. Convida todo mundo para um churrasco quando se atinge a meta. Trata as pessoas com bondade, mas ao mesmo tempo com exigência. "Olha, para atingir a meta vamos ter que trabalhar 16 horas por dia durante uma semana." Aí, quando se atinge a meta, então se faz o churrasco. E aí as pessoas adoram o chefe. Elas não cobram as horas extras, trabalham 16 horas por dia sem receber extra, e não criticam o fato de que o valor daquele churrasco era muito menor do que o valor do trabalho que elas deram durante uma semana, por exemplo. O paizão é muito valorizado nas empresas, em todos os níveis. Isso faz parte da Distância de Poder e também combinado com o Coletivismo. Quando existem as duas coisas: hierarquia, mas com um bom ambiente de trabalho, e as pessoas sentem que "estão cuidando bem de mim..."

J: Elas se sentem mais leais com o seu grupo e isso significa também maior lealdade com a empresa.

F: Não é, necessariamente, uma lealdade pelo medo. O medo está subentendido, digamos, está implícito, mas não é um medo à flor da pele, constante. Se o paizão está cuidando de mim, existe uma relação até de amor, de afeto, e eu acho que isso acontece não só no Brasil, mas em todas as culturas hierárquicas e coletivistas. Eu vejo isso, por exemplo, em relação a muitos ditadores. No Egito, o povo botou o Mubarak para a rua, houve a Primavera Árabe no Egito, porque ele deixou de ser aquele pai bom. Os ditadores anteriores a ele eram considerados pais bons. O Anwar Sadat, que era igualmente militar, igualmente prendia e torturava os que se opunham ao governo dele, mas ele cuidava do povo. Até hoje o pessoal venera o Sadat como um paizão. No Brasil, eu vejo muito isso em relação ao Getúlio Vargas.

J: É, ele é muito admirado.

F: As pessoas acham que o Getúlio era o pai do povo e não se dão conta que ao mesmo tempo ele assumiu o poder com um golpe de Estado. Aquilo sim era um golpe de Estado. Ele se manteve no poder indefinidamente, contra a Constituição. Mas ele era considerado o pai do povo, porque ele fez uma legislação trabalhista que protegia o trabalhador. Isso é o que ficava visto, as pessoas não se davam conta que, na verdade, aquela legislação não era nem sequer cumprida pela grande maioria dos empregadores. A lei existia para proteger o trabalhador, mas na prática não era aplicada. O empregador direto ficava de bandido na história e o Getúlio ficava de pai bom, porque ele fez a lei mesmo que ele próprio sabia que aquela lei não seria aplicada daquele jeito. Ela era protecionista e não aplicável na prática, pelas condições do país na época. Também não levavam em conta o fato de que ele prendeu e torturou os que se opunham a ele. Isso tudo era deixado de lado pelos seus fãs.

J: Era relegado diante da visão daquilo que ele pode ter feito de bom.

F: E ele tinha um jeito afetuoso de falar com as pessoas. Era um baixinho, gordinho, bonachão. Ele não tinha um tipo físico de fazer o bandido malvado, que quer dominar o mundo e que vai ser combatido por um super-herói ou pelo agente secreto. Ele tinha um tipo bonachão de paizão mesmo, de vovô. Era um populista simpático e o povo mantém uma idolatria por ele até hoje.

30. Odorico Paraguaçu

F: Odorico Paraguaçu era um personagem da novela "O Bem Amado." Ele é a caricatura do político do interior do Brasil, embora existam Odoricos também nas capitais. Ele era um político do interior do Nordeste, que...

J: Queria inaugurar um cemitério que ele tinha feito. https://www.youtube.com/watch?v=9SNMIo-1_lo

F: É, mas ninguém morria, porque a cidade era pequenininha, tinha pouca gente. Ele era uma caricatura do político brasileiro porque ele se colocava numa posição de ter um intelecto maior do que o do "reles povo;" ele era mais culto e, portanto, ele tinha uma autoridade intelectual, além da autoridade de prefeito. Essas coisas andavam juntas: para ser prefeito, um sujeito tinha que ter também uma cultura superior, em termos de ser mais letrado. Ele falava difícil. Só que ele falava difícil, mas errado o tempo todo. Ele inventava palavras difíceis, palavras que pareciam rebuscadas, para aparentar uma cultura que na verdade ele não tinha. Isso é uma coisa muito típica da cultura brasileira: essa coisa de aparentar sofisticação acadêmica. Isso decorre desse esforço de aparentar ser mais culto do que na verdade a pessoa é; e de achar que falar difícil e falar com palavras rebuscadas demonstra cultura. Isso está ligado à Distancia de Poder. Quer dizer: se eu sou mais culto, então eu tenho mais poder, eu tenho mais autoridade. A autoridade no Brasil, ela não é só ligada ao exercício de um cargo, mas também existe uma hierarquia de cultura, de intelectualidade. Então: se o sujeito é professor universitário, ele tem mais autoridade intelectual do que quem é professor primário, ou de quem não é professor de coisa nenhuma. Isso chega ao ponto das pessoas fingirem um saber que elas, na verdade, não têm. E existe o culto do falar difícil, ter sabedoria, ter conhecimento. Pessoas muitas vezes "chutam" as coisas sem saber, mas elas precisam aparentar ter conhecimento. Isso está ligado àquela coisa de que o chefe tem que ter as respostas na ponta da língua e o professor também. Um professor não pode dizer "eu não sei", ele tem que saber tudo. Se fazem uma pergunta e o professor não sabe a resposta, isso é "o fim da picada!" Esse cara não podia ser professor. Isso é uma coisa típica da nossa cultura de alta Distância de Poder. Em outros países, o professor pode perfeitamente dizer: "- isso eu não sei." O professor não precisa demonstrar que ele tem mais saber do que os alunos, o professor é muito mais um coordenador...

J: Facilitador de aprendizado.

F: Ele é um guia do processo de aprendizagem, mas ele não precisa saber tudo. Ele próprio diz: "isso você vai encontrar em tal livro, tal fonte". Como dizia o Einstein, que veio de uma cultura de baixa Distância de Poder: "-eu não sei o meu próprio número de telefone, isso eu posso ver no guia telefônico, então eu não preciso saber, eu preciso saber onde é que eu consigo essa informação, mas eu não preciso saber essa informação." Na nossa cultura, quem tem autoridade precisa saber as respostas e os políticos, então, gostam de falar difícil. A gente vê nos discursos a linguagem rebuscada, pois é valorizado usar uma linguagem rebuscada. Eu me lembro que anos atrás, quando eu estava no Banco Real, um consultor quis me impressionar e me convidou para ir no escritório dele. Quando eu fui, ele me mostrou uma prateleira cheia de livros e disse: "- está vendo todos esses livros aqui? eu li todos eles." Aquilo me pareceu ridículo, ele estava querendo dizer que, como ele tinha lido tantas coisas, ele tinha então...

J: Um conhecimento grande

F: E por isso eu deveria contratar ele como consultor. Para mim. uma pessoa que...

J: Tem essa necessidade...

F: É, de ostentar quantos livros leu de uma forma tão rasa, em dizer assim: "- olha só, todos esses livros aí na prateleira, tudo isso eu li", para mim isso já mostra que ele não tem competência. A competência dele deveria ser demonstrada pelo que ele é capaz de fazer. Só ler as coisas não significa que você saiba usar. A necessidade de demonstrar isso, na verdade, é um sinal de insegurança; ou então é justamente decorrente de uma sociedade que valoriza essas coisas, essas aparências. Tanto é que existem esses políticos que são caricaturas de si mesmos, como o Odorico Paraguaçu. Na vida real vários políticos são assim: atuam lá numa cidadezinha do interior e fazem questão de usar uma linguagem rebuscada.

J: Sim, independente do fato ou até pelo fato de que as pessoas que estão assistindo seus discursos não estão entendendo exatamente o que ele está dizendo. Não existe uma proximidade com o povo, mas isso é bem visto até pelo povo, que prefere vê-lo como uma figura superior. "Ele parece saber o que está fazendo, e é uma pessoa culta." Ele próprio, então, não se alinha com o povo e fica acima, se sentindo acima.

F: Eu já vi muita gente no Brasil, na plateia, achar que o sujeito que está fazendo uma palestra fala muito bem: "ah, olha, o cara é muito bacana, ele fala bem." Por quê? Porque ele fala complicado, e o cara da plateia que acha que ele fala muito bem não está entendendo o que o cara está dizendo, mas acha sensacional esse palestrante. "Não entendi nada do que ele disse, mas ele fala muito bem, como o cara é bacana". Isso é uma coisa que me irritou muito, porque eu fazia questão de tentar usar uma linguagem simples para ter uma comunicação mais próxima, para que as pessoas entendessem o que eu estava dizendo. Depois eu via que muita gente não queria entender, queria ouvir alguém que falava bonito, queria um Odorico Paraguaçu. O Odorico Paraguaçu existe porque as pessoas ficam embevecidas com aquele palavrório aparentemente bonito, mesmo que não faça sentido. Eu vejo isso muito no mundo acadêmico brasileiro também, embora isso exista também, em menor grau, no mundo acadêmico de outras culturas. nas culturas de alta Distância de Poder. Na França e na Itália os professores derramam o seu conhecimento sobre os alunos; enquanto que nas culturas de baixa Distância de Poder, o professor é mais um facilitador de conhecimento.

J: Ele está mais próximo dos alunos, discute de igual para igual, não acha que ele seja o detentor do saber. Já na França, eles ainda têm púlpito, até hoje.

F: Existem professores que vão para a aula e leem seu próprio livro, que eles escreveram. Não falam espontaneamente com os alunos. Se é para ler o livro em voz alta, é só comprar o livro, a pessoa lê o livro e não precisaria frequentar as aulas. Nos Estados Unidos justamente os caras dizem o seguinte: "- eu escrevi o livro tal, comprem o livro, vamos então discutir o livro em sala de aula". Em vez de ler o livro em voz alta, promovem uma discussão sobre o que você entendeu, não entendeu, concorda, não concorda, como é que se aplica na prática. Eu acho que isso é uma característica também de igualitarismo.

Nas sociedades de alta Distância de Poder é diferente. O poder hierárquico costuma andar junto com a riqueza financeira e com o nível de educação. Essas três coisas costumam andar juntas em sociedades de alta Distância de Poder. Em sociedades de baixa Distância de Poder essas coisas estão mais separadas.

Quer dizer: é mais frequente você encontrar alguém numa posição de autoridade, mas que não tem tanta cultura e não é rico; ou um outro que é rico, tem cultura e não tem poder político; essas coisas estão mais separadas. No Brasil elas tendem a andar mais juntas, embora haja muito professor universitário que não ganhe bem; mas o cara que tem uma posição de poder político, ele tenta aparentar uma cultura maior. É importante parecer culto. Quando aparece um político que não tem cultura, como foi o caso do Lula, isso incomoda muito. As pessoas ficam muito incomodadas com o fato de que existem políticos hoje em dia que não falam palavras rebuscadas. O próprio Lula de vez em quando tenta aparentar uma cultura que ele não tem, tenta falar palavras rebuscadas e acaba muitas vezes se atrapalhando, porque ele também não conhece tanto. Ele não é um intelectual, afinal de contas, apesar de parecer mais intelectualizado do que ele é. Não só ele, mas muitos outros políticos.

J: Nós estamos falando em não ter cultura ou em não ter um nível educacional?

F: É nível educacional, talvez eu tenha usado mal o termo cultura. Não devia ser cultura, mas nível educacional, escolaridade. Não é nem educação, mas é escolaridade. É achar que ser doutor confere uma posição social diferenciada. É aquela coisa de quando alguém vai estacionar o carro e vem um sujeito maltrapilho, semianalfabeto com um paninho e diz assim: "- e aí doutor? Tudo bem?" Quer dizer: ele não sabe se o sujeito é doutor ou não é doutor, mas todo mundo que é "uma autoridade" ou aparenta ter mais poder, é tratado de doutor. Os advogados fazem questão de serem tratados de doutor e mais ainda os juízes, os políticos em geral, todo mundo é doutor. Eles têm doutorado?! Talvez alguns até tenham, mas é a exceção. É essa coisa de associar escolaridade com poder.

31. A Lei de Gérson

F: Eu me lembro que houve um deputado, certa vez, que num discurso falou em revogar a Lei de Gérson.

J: (risada) É mesmo?

(Ambos riem)

J: Meu Deus... (risadas)

F: Eu não sei se ele estava falando sério ou não... Porque às vezes a mídia dá a notícia já de maneira distorcida. Pode ser que ele estivesse falando figurativamente, mas ele falou que a Lei de Gérson precisava ser revogada.

J: É, eu estou com ele. (risos) Aí nos precisamos explicar, a Lei de Gérson era relativa a um jogador de futebol e o lema dele era que "você precisa levar vantagem... em tudo!"

F: É que ele fez naquela época uma propaganda específica... https://www.youtube.com/watch?v=fh9u_amafFI

J: Ah, era propaganda... é

F: ... para os cigarros Vila Rica...

J: *Ashe Maria*...

F: e no comercial de televisão, ele dizia que se você quiser vencer na vida, você precisa...

Juntos: ... levar vantagem

F: Ele falava: "Se você fumar o cigarro Vila Rica, você vai levar vantagem; e você quer levar vantagem em tudo, certo?" E aí ficou, por causa dessa propaganda do cigarro. Isso ficou conhecido como "levar vantagem é a Lei de Gérson". Eu acho que nunca um garoto propaganda se arrependeu tanto...

J: De uma coisa que fez.

F: Porque o nome dele ficou ligado a essa coisa de se aproveitar do outro, de levar vantagem de maneira desonesta...

J: Se aproveitar de uma situação, das outras pessoas. É tipo assim: o espertalhão que observa e vê que pode tirar vantagem de alguma coisa e tira. Não tem escrúpulos de se aproveitar que o outro está vulnerável.

F: É o malandro sem escrúpulos.

J: Isso é muito arraigado na nossa cultura e não começou com o Gérson e a propaganda de cigarros, isso vem de muito antes, vem de séculos, desde a época de Dom João VI. Ao que isso estaria ligado, em termos de dimensões de valores?

F: Está ligado com a Distância de Poder, com a hierarquia. Quando se tem uma sociedade baseada na noção de que algumas pessoas estão sempre acima de outras; e que existe uma hierarquia em toda a sociedade, então fica uma coisa assim: em qualquer situação, você está ou acima ou abaixo dos outros. O pressuposto é o de que existe uma hierarquia, existe uma espécie de fileira. Ou você está acima ou abaixo de alguém. Se você está nessa situação, para vencer na vida você tem que passar na frente dos outros, você tem que subir na hierarquia ou ganhar um lugar na fila. Aí, ganhar vantagem passa a ser uma lei de sobrevivência, porque se você não fizer isso, os outros vão fazer isso em relação a você. É esse o pressuposto inconsciente básico que sustenta a Lei de Gérson: se você não tentar levar vantagem, os outros vão levar vantagem sobre você.

J: Quando a sociedade é igualitária, não existe essa preocupação, porque a ideia básica é que todo mundo é igual ou mais ou menos igual; então não há necessidade de levar vantagem, porque o ideal não é que você esteja melhor do que o outro.

F: O ideal nessas sociedades é que todo mundo fique no mesmo nível, todo mundo seja feliz, sendo igual aos demais. E se alguém, então, tentar levar vantagem, ou passar na frente, ou tentar ser mais que os outros, isso vai ser condenado, isso é mal visto. "Para aí, nós temos que ficar todo mundo aqui, mais ou menos, no mesmo nível." Enquanto que na sociedade brasileira o pressuposto é: se você não for esperto, você vai ficar para trás.

J: Me ocorrem duas coisas que são exemplos disso. Uma é no trânsito: de como as pessoas tentam passar umas na frente das outras. No Brasil existe uma coisa de pressa e de necessidade de passar dos outros, de até cortar o outro, tanto faz, não é?

F: É... e não se dá passagem!

J: Na Holanda, por contraste, a atitude é outra. Me lembro uma vez de estar num engarrafamento, num táxi. Aquela coisa demorada e aquela fila não andava... e a outra fila andando. Aí eu perguntei ao motorista: "Porque você não vai na outra pista?" "ah, porque daí eu vou trancar aquela lá, tentando mudar de fila... então vou ficar aqui." Enfim, não existe essa preocupação de passar na frente do outro, não há necessidade. Não há, também, esse senso de urgência, de chegar num lugar antes que o outro chegue...

F: Eu acho curioso que na Holanda a atitude *default* é dar passagem...

J: Hm?

F: Você vem por uma avenida e, de repente, alguém vai entrar vindo de uma ruazinha transversal: os carros diminuem a marcha para deixar que o carro entre, mesmo que estejam na preferencial. Se um pedestre quiser atravessar a rua, mesmo fora da faixa, o pessoal para. Eu vi uma vez em Rotterdam uma mulher que estava atravessando a rua numa avenida de 3 pistas e ela estava contra o sinal de pedestres. Todo mundo parou para ela atravessar a rua, ninguém buzinou, ninguém reclamou; e depois que ela atravessou a rua, as 3 faixas de pista continuaram normalmente. É uma predisposição diferente, é uma predisposição a dar passagem para o outro. É uma predisposição a ser gentil. No trânsito, certo? Porque fora do trânsito, o holandês às vezes é grosseiro, não é nada gentil.

J: A outra coisa que me ocorreu e que está ligada a isso, é justamente a questão da corrupção. Que é a atitude diante de uma oportunidade de levar vantagem. Se eu não fizer, alguém vai fazer. Se eu não ganhar, alguém vai ganhar. O princípio é de que isso está ali e eu posso levar a vantagem, então por que não? A pessoa tem que ter princípios muito sólidos para não escorregar...

F: Aí vem justamente o que você falou antes, que é a combinação dos valores. Se por um lado existe essa coisa básica da hierarquia, de passar na frente dos outros, porque senão você vai ficar para trás, aliado a isso existe a valorização da flexibilidade. Você não precisa obedecer a lei, porque o importante é você conseguir chegar no seu objetivo último... e se o seu objetivo último é subir na hierarquia, então é aceitável que você faça isso burlando a lei, pagando propina, dando um jeitinho, pedindo para que deem um jeitinho. Essa flexibilidade, que é a quinta dimensão de valores, ela acaba sendo um caminho para a desonestidade também... infelizmente.

J: Ou até para se aceitar, justamente, alguma propina, que por princípio você não aceitaria; mas aceita, em nome do que vai conseguir fazer com o dinheiro. Aí realmente isso está muito ligado com a Orientação de Longo Prazo.

F: Achar que os fins justificam os meios.

J: Me lembrei também de uma organização onde, em nome de fazer uma obra de infraestrutura para a população, os donos aceitavam pagar propinas para os políticos. O raciocínio era que isso, afinal, era uma coisa pequena em relação ao que a obra podia representar para aquela população. Ás vezes era uma população pobre e aquele objetivo era mais importante para, ao final, beneficiar muito mais gente. Então os empreiteiros até fechavam os olhos para uma coisa que consideravam menor. Só que no longo prazo aquilo acaba se tornando uma coisa grande e o princípio de honestidade acaba sendo corrompido e trazendo um problema muito maior.

F: A questão é que a Lei de Gérson é criticada hoje em dia por muita gente. Aliás, ela só é citada hoje como crítica, porque existe uma grita geral no Brasil contra a corrupção, o que eu acho ótimo. Só que, na prática, as pessoas acabam cometendo pequenos atos de corrupção... às vezes até sem se dar conta; e acabam seguindo a Lei de Gérson nas pequenas coisas... sem se dar conta.

J: É verdade. Fica uma coisa do tipo: "não, mas isso não é tão grave, não está tendo um impacto muito grande para os outros." Sim, é uma coisa que pode ser pequena, restrita ao seu universo. Mas, se cada um cuidar do seu pequeno universo, no conjunto se tem um impacto diferente. Se cada um assumir a responsabilidade de não corromper e não ser corrompido, a cultura toda muda.

32.   Comprando o problema do outro

J: Uma amiga me contou a história de um problema com o IBAMA. Ela generalizou: "o IBAMA não é confiável, o IBAMA tem esse problema, tem aquele problema." Aí eu perguntei: "Bom, mas qual foi exatamente o problema? Porque eu acho o IBAMA um bom órgão, faz um trabalho sério..." Daí ela contou toda a história e depois generalizou de novo: "O IBAMA não presta!" Mas acontece que a história aconteceu com uma pessoa amiga dela. E foi por isso que ela teve raiva do IBAMA; não pelo ocorrido em si, mas pelo fato de uma amiga ser a vítima na história. Ela própria nunca teve contato com o IBAMA. Ela tomou as dores da amiga. Isso ocorre muito no Brasil. Essa não é a primeira vez, foram muitas vezes, em que eu testemunhei esse tipo de situação. Acho que esse é um lado negro do coletivismo, esse aspecto de comprar o problema do outro ao ponto de se associar com o outro contra aquela instituição. As instituições são muito facilmente criticadas quando machucam um amigo da gente.

F: Exato. Machucar a mim é ruim; machucar o meu amigo é pior, é imperdoável!

J: Então eu passo a dizer para todo mundo que a instituição não é boa, ou que não funciona bem. Uma coisa assim vira uma queixa sobre algo que na verdade nem aconteceu contigo. Você se associa com outro e sente o problema do outro na pele. É isso que tem a ver com o Coletivismo.

F: É uma espécie de solidariedade, de empatia. Nós mencionamos um outro exemplo disso noutro dia: é o motorista de taxi que se preocupa com a questão do trânsito.

J: Esse exemplo do taxi é o lado positivo, do mesmo assunto, que é: alguém compra o teu problema e procura te ajudar Você chega no taxi e diz que está com pressa, que tem o risco de perder o voo; o sujeito compra o teu problema e sai a tentar chegar rápido, de todas as maneiras. Sai angustiado para conseguir chegar rápido, tentando ganhar tempo, cortar caminho, ansioso. Muitas vezes acontece isso: a pessoa compra o teu problema e vai junto. Muita gente faz isso.

F: Já na sociedade individualista, se você pega um taxi e está atrasado, o cara vai dizer: "o problema é seu, não é?".

J: É.

F: Você tem um problema.

J: *Você* tem um problema (risos).

F: Solidariedade nenhuma.

J: Não tem nenhum pudor de dizer assim desse jeito mesmo.

F: O problema é *seu*.

J: Bom, então o que nós podemos fazer para resolver o seu problema? Nada.

F: Nada. Isso mesmo.

J: "Você devia ter saído mais cedo." É capaz mesmo de dizer isso. "Agora não dá mais." Enfim. Mas você tinha dito também, como um aprofundamento dessa ideia, que existe uma tendência que se juntaria com o aspecto hierárquico: a tendência de se queixar das instituições que têm mais poder do que você.

F: Já é uma coisa um pouco diferente, porque não é o comprar o problema, mas é o comprar a queixa, certo?

J: Perfeito.

F: Para se queixar da autoridade é fácil, existe uma cumplicidade para se queixar.

J: Eu vejo como uma consequência. Quer dizer, você compra o problema do outro e se queixa junto, quer dizer, você amplia o tamanho da queixa.

F: É, mas existe uma *misconception*, um conceito errado, muito comum nas sociedades individualistas e igualitárias, elas acham que os hierárquicos são submissos.

J: E isso é um engano.

F: O fato de você respeitar a hierarquia nas sociedades hierárquicas, não significa que você se submeta a essas hierarquias sempre.

J: Nem com prazer.

F: Significa que você reconhece, considera que existe uma hierarquia e que essa hierarquia deve ser respeitada. Mas ao mesmo tempo, muitas vezes as pessoas se queixam da hierarquia, se as pessoas que estão mais acima delas na hierarquia não cuidam delas, não provém carinho e serviços e bons cuidados. Aí as queixas vão aumentando até que um dia....

J: Gera uma revolução...

F: Uma revolução que derruba um chefe, que derruba um presidente.

J: Um presidente eleito, como no Egito. Ou no Brasil.

F: É, enfim, derrubam um professor de escola...

J: Um diretor...

F: Um diretor, se não for uma pessoa que cuida bem dos outros.

J: Mas voltando ao aspecto da solidariedade, eu estava me lembrando daqueles movimentos todos de protestos que aconteceram no Rio e em São Paulo, principalmente, mas em todas as cidades brasileiras e que começaram com coisas mais simples... Pois durante muitos anos havia movimentos de protesto, aqui e ali, sobre educação, transporte, com isso e aquilo, mas quando houve uma repressão grande e forte, realmente violenta da polícia contra os que estavam protestando, ai houve uma solidariedade generalizada no país. Virou aquela coisa de que os protestos em dois ou três dias cresceram para duzentas mil pessoas protestando em cada capital, foram milhões para as ruas.

F: O que chamou a atenção no Brasil foi a quantidade de pessoas que aderiram ao movimento de protesto...

J: De um dia para o outro.

F: Foi uma coisa de um comprar o problema do outro e protestar contra o abuso da autoridade.

J: Exato.

F: isso é uma coisa típica da nossa cultura. O se juntar em grandes multidões e protestar contra o abuso de autoridade. Quando a gente compara, por exemplo, com o que tem acontecido nos Estados Unidos, os protestos contra a violência policial na questão da morte dos negros, de pessoas negras mortas pelas policias, você vê bem que foi uma violência muito maior do que foi cometida no Brasil porque...

J: Mataram gente.

F: Mataram um cara, uma semana depois mataram outro cara, uma semana depois mataram um terceiro cara...

J: É, um foi estrangulado por um policial...

F: Horrível, mas não se viu milhões de pessoas nas ruas de Nova York. Houve protestos, protestos inclusive violentos, mas não era assim aquela multidão de parar a Avenida Paulista, de encher o centro do Rio de Janeiro com duzentas mil pessoas.

J: Foi diferente.

F: Mas por quê? Porque a sociedade americana não é coletivista. Então é mais difícil você mobilizar uma multidão. No Brasil, para mobilizar uma multidão....

J: Não é difícil.

F: Não é difícil, por causa do Coletivismo. Existe uma tendência natural a prestar solidariedade, a se juntar aos seus amigos. E se existe um conhecido que sofreu uma violência, então reúne todo mundo em solidariedade para protestar contra aquilo.

J: Até houve isso nos Estados Unidos, mas em menor escala e também envolvendo as pessoas mais próximas. Mas nos protestos do Brasil, tinha gente que nem sabia bem porque é que estava lá. Estava lá por causa dos amigos que convidaram.

F: Exato.

J: Também houve isso no Egito não é? Muito disso, também, porque é de novo uma outra cultura coletivista. As pessoas vão porque o amigo está lá. Muitas vezes, nem é porque têm uma consciência clara daquele movimento, daquela causa.

F: A causa não é tão importante, o importante é estar com o amigo. Eu estava no Egito durante vários daqueles protestos, primeiro contra o Mubarak, depois contra o Morsi. As pessoas me diziam "estou preocupado com o meu filho, ele está lá na praça Tahrir e vai apanhar da polícia." Me disseram: "Eu liguei para o meu filho e pedi para ele sair de lá, para voltar para casa! E ele me respondeu: 'Pai, vim trazer água para o meu amigo, não posso deixar ele aqui... trouxe pão e bebidas para a minha turma.' Não consigo tirar o meu filho de lá!"

J: É, estar com o amigo e ser solidário. As multidões se reúnem com mais facilidade e com mais frequência do que nas sociedades individualistas.

33. Oferecendo a sua sabedoria

J: Isso me ocorreu por vários exemplos mas recentemente por um caso específico da nossa filha Bruna, entrando no avião da Air France e dizendo que: "bom, já se percebia logo que aquele era um avião cheio de brasileiros." Porque ela estava com dificuldade de conseguir botar a malinha de mão no compartimento superior das malas, então tentou botar e não conseguiu, a mala não cabia. Logo um outro passageiro já ofereceu a sua opinião de, quem sabe, tentar colocar a mala de lado. Aí ela tentou de lado, mas não deu. "Ah, então quem sabe tenta deitada," também o outro ofereceu opinião, não deu. "Quem sabe então tenta com as rodinhas pro lado de fora, porque daí você pode empurrar melhor." Ela concluiu: estou num avião cheio de brasileiros, porque todos logo oferecem as suas opiniões! Esse aspecto de oferecer a sua ajuda para solucionar um problema que está havendo com o outro, mesmo que o outro não tenha pedido essa ajuda, é uma coisa espontânea que se faz muito no Brasil.

F: Sim, mas o que diferencia é que não foi apenas uma pessoa fazendo isso...

J: Foram várias.

F: Era um grupo, logo se formou um grupo de pessoas palpitando... todos eles dando a sua opinião e tentando ajudar.

J: Tentando ajudar a solucionar um problema que não era deles.

F: Mais uma vez, comprando o problema de outra pessoa.

J: Mas numa situação em que você percebe que existe um problema e já logo oferece ajuda, sem pensar E isso é uma coisa que acontece com muita frequência no Brasil.

F: Concordo e acho que assim funciona o fenômeno social do mutirão. O mutirão é uma coisa bem brasileira porque ele acontece de forma quase espontânea. Eu digo "quase espontânea" porque o mutirão muitas vezes é organizado. A pessoa chega e diz assim....

J: Vamos fazer um mutirão para solucionar tal coisa.

F: É, só que não é uma coisa que precisa de planejamento com grande antecedência e nem grande esforço para reunir uma multidão.

Basta você dizer: "olha, no sábado nós vamos todos lá na casa do fulano para resolver tal coisa..."

J: Para pintar a casa, ou para ajudar se ele está com um problema.

F: Consertar o telhado... e isso pode ser feito dois ou três dias antes e vão aparecer vinte, trinta, quarenta pessoas diferentes para ajudar. Todo mundo querendo ajudar. É fácil mobilizar.

J: Bom, não vamos longe, nós estávamos ouvindo no rádio esse programa da Atlântida FM e eles tinham mencionado que havia uma pessoa com um problema, alguém que tinha perdido as ferramentas e não tinha como continuar trabalhando para dar um Natal bom para a sua família. No dia seguinte, uma multidão de gente apareceu na casa do sujeito trazendo ferramentas, trazendo coisas de Natal, trazendo coisas para a família, espontaneamente. Os caras falaram do problema mas nem chegaram a pedir ajuda. Mas as pessoas espontaneamente foram oferecer ajuda. Isso tende a ser diferente para as culturas individualistas, onde se espera que se você tem um problema, você vai pedir ajuda. Você vai mencionar o problema e vai pedir; se não está pedindo, é porque você não precisa.

F: Esse aspecto da cultura individualista se traduz numa relação transacional. Existe uma ideia de que se eu ofereço alguma coisa, é porque eu desejo obter algo em troca. É uma transação, entendeu? Se eu peço ajuda, se eu recebo ajuda, eu vou ter que dar alguma coisa em troca. Se alguém me oferece ajuda, eu preciso de alguma forma retribuir isso. Por este motivo, muitas vezes as pessoas não oferecem e as pessoas que estão com problemas não pedem.

J: Não pedem ajuda e não aceitam ajuda. Porque acham que, se aceitarem ajuda, vão estar obrigadas a oferecer uma coisa em troca. Partem do pressuposto de que essa outra pessoa está me oferecendo ajuda porque ela quer alguma coisa em troca. Então já por princípio eu fico desconfiada e prefiro rejeitar. Porque... será que ela vai me pedir uma coisa muito mais difícil para mim?

F: Como retribuição?

J: Sim. E além disso, existe principalmente a questão de autonomia nas culturas individualistas: a pessoa não pede ajuda porque acha que precisa que ser capaz de resolver as coisas sozinha.

F: Pedir ajuda é um sinal de fraqueza.

J: Ou é um sinal de que: "eu não sou independente o suficiente?... claro que sou! Eu tenho que me virar e tenho que dar uma solução." Só pede ajuda, mesmo, quando é em último caso. Agora essa coisa de troca, de esperar uma troca na base do toma lá, dá cá, isso também existe nas culturas coletivistas como a nossa no Brasil, só que....

F: É diferente.

J: A reciprocidade é mais indireta, quer dizer: se eu pedi uma ajuda especifica, eu fico comprometido de que em algum momento, se o outro precisar, pode ser daqui a cinco anos, mas se o outro precisar eu tenho o compromisso moral de retribuir. Mas isso é quando é numa coisa específica, que eu pedi ajuda para uma outra pessoa. Se é numa situação espontânea, como o primeiro exemplo que a gente deu, na qual todo aquele grupo dava a sua opinião para ajudar a resolver um problema, não se espera nada em troca.

F: A diferença é justamente que, na sociedade coletivista do Brasil, se dá ajuda sem que, no primeiro momento, se pense em receber algo em troca. Não é por isso eu estou ajudando alguém; não é a primeira coisa que passa na cabeça da gente.

J: Se quem me ajudou precisar de ajuda, é claro que eu vou ajudar.

F: Mas se você recebe ajuda de alguém e essa pessoa imediatamente cobra alguma coisa, você até se surpreende e se choca com isso. Porque daí fica parecendo que o cara...

J: Não me ajudou espontaneamente... Aí tem o aspecto espontâneo. A ajuda no Brasil é muito espontânea, é muito de perceber a situação e até mesmo se antecipar, às vezes....

F: De ler nas entrelinhas...

J: Ler nas entrelinhas e também se antecipar aos problemas do outro e já vir oferecendo ajuda sem que o outro tenha pedido. Se existe uma cobrança direta de retribuição, daí teria um sentido mercantilista!

F: Mesquinho.

J: É, ele me ajudou mas já estava com segundas intenções.

F: Não me ajudou por bondade ou por carinho, me ajudou para...

J: Com isso ter alguma coisa em troca.

F: Na sociedade individualista, isso é aceito com naturalidade, essas cobranças. Assim como é aceito até com naturalidade as pessoas se negarem a ajudar. "O senhor pode me ajudar com isso aqui?" "Ah não! Não posso. Estou ocupado, estou fazendo outra coisa, não tenho vontade."

J: É verdade, mas isso já vai ser o outro capítulo, que é o dizer "não."

34. Dificuldade em dizer "não"

J: O brasileiro não sabe dizer "não." Se sente mal, ao negar alguma coisa que alguém lhe pede. Por isso, acaba muitas vezes acumulando coisas demais no trabalho. Por exemplo: acumula muita coisa para fazer, vai assumindo, fica com receio de dizer que não pode, às vezes por questão de autoridade. Se alguém que tem autoridade, poder sobre o teu trabalho, te pede alguma coisa, aí mesmo é que você não tem condições, não tem interesse em dizer não.

F: Sim, você nunca diz não para um chefe.

J: Mas além disso, para um amigo.

F: Para quem tem mais autoridade do que você.

J: E nunca diz não para os bons amigos. Então vai acumulando, acumulando... Até chegar ao ponto em que você não consegue dar conta do recado. Se associa a isso a questão de também não se sentir à vontade de dizer que não está dando conta do recado. Muitas vezes, só vai aparecer um problema de que você não está conseguindo resolver tudo o que tinha assumido, quando já está excedendo o prazo!

F: Existem interferências de todas as dimensões que contribuem para esse fenômeno. Principalmente não se diz "não" para o seu chefe; aí é a Distância de Poder.

J: Hierarquia.

F: Mas não se diz "não" para um amigo. Aí é o Coletivismo, o preservar o relacionamento. Além disso, contribuem de maneira secundária a questão do desempenho, ou seja: o desempenho não é tão importante, o mais importante é o cuidar dos outros....

J: É o relacionamento.

F: E a qualidade de vida. Em relação ao trabalho eu acabo não dizendo "não" porque se eu vou conseguir ou não vou conseguir, isso é secundário, o mais importante é manter o bom relacionamento e não contrariar o meu chefe.

J: Sem contar os outros aspectos, do tipo: perseverança e aquela atitude de fé, de achar, "mas tem que dar certo!" e aí eu me esforço e vai dar certo... Não vou dizer que não vai dar certo.

F: Mesmo que eu esteja sobrecarregado eu fico achando que eu não posso dizer "não" porque também eu vou encontrar alguma forma, um jeito...

J: E aí vem a flexibilidade.

F: Eu vou encontrar alguma forma de fazer e conseguir.

J: Se precisar eu viro a noite, eu consigo ajuda extra, enfim, mas eu me viro.

F: É, a velha piada, aquela do rei que prendeu os dois amigos porque eram estrangeiros e não tinham autorização para entrar no reino. Quando vão ser executados, um dos caras diz assim: "mas Majestade, eu tenho um poder especial, que se eu for morto, será perdido: eu posso ensinar o seu burro a falar inglês!" Aí o rei suspende a execução e diz: "mas você tem que me provar, se realmente você conseguir ensinar o burro a falar inglês você não será morto e vai se tornar meu conselheiro especial. Mas se você não conseguir ensinar o burro a falar inglês, você vai ser morto com grandes torturas e o seu amigo também! Então prove para mim." Aí o cara diz: "mas eu preciso de um ano para ensinar o burro a falar inglês". Então o rei manda trancar os dois amigos e o burro numa torre e diz, "daqui a um ano se o burro não falar inglês, vocês serão mortos!"

J: Essa é a versão tupiniquim das mil e uma noites? (Risos)

F: Eu não sei de onde é que vem essa história....

J: Parece a versão tupiniquim...

F: Mas a questão é que quando eles estão presos na torre, o amigo diz assim: "você ficou maluco? Como é que você vai ensinar esse burro a falar inglês?" Ele diz: "não sei, mas eu ganhei um ano de prazo. Nesse um ano, até lá o rei morreu, ou o burro morreu, ou a gente consegue fugir, ou quem sabe até o burro aprende a falar inglês..." (risos) Mas é essa coisa assim de conciliar que no longo prazo alguma coisa pode acontecer...

J: É que existe mais de uma alternativa. Aí já é a Orientação de Longo Prazo, em termos de flexibilidade e aceitação de várias verdades simultâneas. Isso é como realmente as dimensões funcionam. Elas não funcionam sozinhas.

F: Por isso você evita dizer "não," para ganhar prazo. Nesse meio tempo, pode ser que aconteça um milagre e aquilo que você já sabia que não seria possível, aconteça. Você devia ter dito "não," mas você confia que pode acontecer um milagre e aí de repente a coisa se torna viável. Enquanto que, no momento em que você disser "não," você está definindo uma situação. Ao fugir do "não," você tem a situação suspensa até que aconteça uma definição.

J: Isso mantém alternativas em aberto, o que é outra coisa ligada a flexibilidade: ter várias alternativas para a mesma situação.

F: É claro que isso incomoda muito os estrangeiros que lidam com brasileiros, porque os estrangeiros estão acostumados a lidar com uma coisa mais concreta e definida.

J: Um claro sim ou não.

F: Ou é "sim" ou é "não".

J: Se eu digo: "faço!" e aí a pessoa entrega e entrega no prazo; ou então: "não, não faço, não dá." Não tem meio termo, a coloração cinza. É preto ou branco.

F: E depois quando vence o prazo e o brasileiro não entrega, o brasileiro se sente até justificado e diz, "ô velho, não dava para fazer isso nesse prazo. O estrangeiro devia ter lido nas entrelinhas que era impossível cumprir aquele prazo." Que era obviamente impossível para o brasileiro, enquanto que para o estrangeiro, que se apega apenas ao conteúdo do que foi dito... "Bom, se você **não falou** que você não iria fazer, então você tem que fazer e entregar no prazo." E é uma ofensa muito grave não cumprir o prazo. "Você devia ter dito se não é possível cumprir o prazo, você precisava ter dito." Enquanto que para o brasileiro fica assim: "mas era tão óbvio, que eu nem precisava dizer. Você devia ter visto que não era possível entregar nesse prazo." É por isso que existem muitas coisas que não funcionam bem nas relações e negócios internacionais. Os estrangeiros, basicamente aqueles que vêm de uma cultura individualista, ficam muito irritados no Brasil. Estão mais acostumados a receber uma resposta direta, inclusive uma resposta negativa direta, pois no seu país de origem quando as pessoas têm que dizer "não," elas dizem "não." E não há problema. Essas pessoas ficam muito incomodadas quando no Brasil o brasileiro deixa de dizer "não" e parece que está enganando os outros. O estrangeiro se sente traído.

J: Sim, não só traído, mas ele sente que não existe seriedade, que o brasileiro não é confiável porque diz que vai fazer mas não faz.

F: Quando o De Gaulle visitou o Brasil nos anos sessenta, comentou com um assessor que "o Brasil não é um país sério..." O comentário vazou e foi o maior auê. Xingaram o De Gaulle de tudo. Mas imagino que ele tinha razão em termos do que um estrangeiro, individualista, espera de um brasileiro. Eles têm muita dificuldade em lidar com o fato de que o brasileiro não diz as coisas diretamente e, principalmente, nunca diz "não."

35. Lendo nas entrelinhas

J: Eu estava pensando em conversar um pouco sobre o quanto o brasileiro é sutil na comunicação, e o quanto tem esse costume de falar meias palavras, como "para bom entendedor meia palavra basta." Quando se começa a falar alguma coisa e o outro já capta logo.

F: Entendo. Isso tem a ver com o Coletivismo, porque como é importante saber qual é a opinião do grupo, estar em sintonia com o grupo para manter a harmonia, as pessoas ficam mais antenadas nas entrelinhas; não só no conteúdo, mas também nas entrelinhas. Aprendem a fazer isso desde crianças.

J: Exato, num todo. Como é o comportamento não verbal dos outros? Você está sempre atento para ler a linguagem corporal, se alguém tem uma cara feia ou se tem uma cara positiva para o que você está dizendo. Você aprende a interpretar se aquilo que o outro está dizendo é uma insinuação e que você já pode entender na frente, antes mesmo dele terminar a frase.

F: Também o tom de voz.

J: Isso é uma diferença grande com culturas que são individualistas, onde não existe essa preocupação de ficar lendo tanto nas entrelinhas ou de ficar achando que existe muita coisa (no que o outro está dizendo) que vai além do verbal. E daí me ocorreu que para outras culturas fica muitas vezes difícil de nos entender, de saber o que está acontecendo. Lembra aquele exemplo da Dilma...

F: Dela com o Bonner? Aquele negócio que postaram no Facebook? Que foi na época em que tinha acontecido o acidente aéreo em que morreu o candidato Eduardo Campos em Santos? (http://www.politicanarede.com/2014/08/veja-50-imagens-humoristicas-e.html)

J: Sim, isso mesmo.

F: As pessoas começaram a falar que aquilo só podia ser algum tipo de complô...que provavelmente o PT estaria por trás do acidente, para eliminar o Eduardo Campos como adversário, como candidato, e um pouco depois daquilo houve uma entrevista feita pelo Bonner no Jornal Nacional, em que ele fez uma série de perguntas mais contundentes e confrontou a Dilma, deixando ela constrangida.

J: Foi confrontador com ela, deixou ela numa saia justa. Ela ficou com uma expressão meio impressionada.

F: Aí postaram no Facebook duas fotos simplesmente dela sendo entrevistada e ela perguntando, com um sorriso meio cínico: "Bonner, você vai para casa de avião? Depois disso aqui?" E ele disse: "não, por que?" E ela disse: "nada não."

J: Então, coitado do estrangeiro para entender isso, porque só quem acompanha e quem também entende a sutileza daquela conversa, não é?

F: Por isso é que se fazem muitas piadas em cima dos estrangeiros, mas principalmente dos ditos gringos e que são na verdade pessoas de culturas individualistas, como os americanos, ou os alemães. Se fazem piadas justamente dizendo que eles estão por fora e não conseguem sacar o que é que está acontecendo.

J: Também, coitados, não é muito fácil de sacar. Mas junta também com esse aspecto o humor. Geralmente isso é ligado a uma coisa de humor.

F: Eu me lembro do Deckers, que se queixava disso, porque o Floris Deckers era um holandês que tinha um senso de humor bastante apurado e gostava muito de fazer piadas e ouvir piadas novas e depois recontar. Ele aprendeu português e começou a aprender uma série de piadas em português. Às vezes ele ficava frustrado, porque algumas delas ficavam difícil de traduzir. Quando ele ia contar para os amigos dele em holandês ou em inglês, não dava para contar direito. Muitas vezes os outros não entendiam a piada. Mesmo quando ele conseguia traduzir, ficava difícil; e ele se queixava que haviam muitas piadas brasileiras que eram feitas com jogo de palavras.

J: É mesmo.

F: Palavras com duplo sentido e que ai só quem conhece a língua é que entende e dá risada.

J: Bom, isso é totalmente verdadeiro com os livros do Luiz Fernando Veríssimo. Não tem outro jeito, você tem que conhecer o idioma e você tem que conhecer a cultura para poder rir.

F: Quando se traduz as crônicas do Veríssimo...

J: Nem sempre elas continuam engraçadas.

F: Se perde muita coisa, até pelo estilo dele estar muito ligado ao domínio da língua brasileira, não digo nem o português, mas da língua daqui.

J: Da língua brasileira, é, porque também existe uma diferença grande do português do Brasil e das sutilezas que a gente tem aqui. Como a gente sabe, o povo português é mais literal naquilo que fala e é mais ligado ao conteúdo verbal mesmo.

F: É uma coisa curiosa, porque o português, a rigor, ele é também de uma cultura coletivista, mas o português, especificamente, tem muita dificuldade de ler nas entrelinhas. Portugal tem uma cultura coletivista com dificuldade de ler nas entrelinhas. A gente vê outras culturas coletivistas que não têm essa dificuldade.

J: Como os indianos, por exemplo. Os indianos são muito sensíveis ao não verbal.

F: Vários outros: os latino americanos também, leem bem nas entrelinhas, junto com os brasileiros, mas o português não consegue ler nas entrelinhas.

J: Seria uma coisa interessante até de se pesquisar para entender a razão disso.

F: É uma exceção que confirma a regra. Assim como os ingleses.

J: São sutis também na sua maneira de dizer as coisas.

F: São sutis também, são outra exceção que confirma a regra.

J: Por outro lado, pelo lado dos individualistas.

F: Eles são individualistas que leem nas entrelinhas.

J: Mas vamos voltar ao Brasil. O que mais estaria associado com ler o não verbal, o que mais poderia se dar como exemplos no Brasil?

F: Sabemos que as dimensões não se apresentam sozinhas. Ler nas entrelinhas tem a ver com o Coletivismo, mas também está presente aí a Orientação de Longo Prazo, em termos de flexibilidade. Na nossa cultura se aceita que existam mais de uma maneira de entender as coisas; isso ajuda a estimular que se aprenda a ler nas entrelinhas. As culturas que são individualistas e também com baixa Orientação de Longo Prazo, não estimulam muito o entender nas entrelinhas.

J: Sim.

F: Porque nessas culturas fica uma coisa de que só existe uma verdade, só existe uma forma de interpretar, que é a forma correta. Todas as outras formas são erradas e portanto devem ser descartadas. Isso não valoriza as entrelinhas.

J: Faz sentido. Realmente quem tem um baixo nível de OLP é mais normativo e aí fica mais restrito a uma única maneira de interpretar: se atém ao conteúdo explícito e esquece o que está implícito.

F: Existe também essa questão dos bordões da televisão e do rádio, em que o humorista diz uma frase que depois começa a ser repetida em contextos semelhantes, mas não iguais.

J: Sim, e todo mundo já sabe o que se está querendo dizer com aquilo. Isso vale até para as propagandas, como era aquela da Brastemp. "Não é uma Brastemp, mas..." Isso passou a ser um sinônimo de que a coisa não era tão boa mas podia ser tolerável, quebrava o galho.

F: É que o bordão em si, é geralmente um bordão que tem significado "entreliniático" (risos) que é um significado nas entrelinhas. Pegando esse exemplo da Brastemp: a série de propagandas que surgiu na televisão. Em nenhum momento elas diziam que os outros produtos não tinham qualidade, que não tinham a mesma qualidade dos da Brastemp, isso ficava nas entrelinhas. Ao falar "não é uma Brastemp," o tom de voz é que dava...

J: O sentido. É: "não é bem aquilo, mas quebra o galho..."

F: O tom de voz dava esse significado e depois as pessoas passaram a usar o mesmo tom de voz e o mesmo conteúdo...

J: Para outras coisas.

F: "Não é uma Brastemp," para outras situações, para quando a qualidade não era a melhor, digamos assim. O que eu me lembro é que nós estávamos vendo outro dia no canal das reprises, um programa de humor do Jô Soares, por exemplo: aquele negócio do *muy amigo*, aquilo também foi várias vezes repetido e também é uma coisa nas entrelinhas....

J: É totalmente de ler entrelinhas, porque o cara está dizendo que o outro é muito amigo, mas o tom está dizendo que não é. *"Muy amigo..."* não é? então significa que não é; que era o oposto. Como é que um estrangeiro entende? (Risos) Uma coisa que eu uso como exemplo nos meus treinamentos lá no *Tropical Institute* (*Koninklijk Instituut voor de Tropen* – Instituto Real dos Trópicos) é o "tudo bem. "

O "tudo bem?" é um comprimento, que se usa no dia a dia, é a coisa mais comum: "e aí, tudo bem?" "Tudo bem!" Mas o "tudo bem" depende, tem milhares de diferentes tons. E conforme o tom você pode interpretar...

E por exemplo: eu digo "e aí, como vai tudo bem?" E você diz, "ah tudo bem!" E isso é uma coisa boa, agora se eu perguntar "tudo bem?" Você pode responder "tudo bem..." e isso não é uma coisa boa. Depende do tom de voz. E também existe a expectativa de quem respondeu um "tudo bem" para baixo, de que o outro vá ler que não está tudo bem apesar do verbal ser pelo tom. E que o outro consiga ler isso, consiga agir sobre isso, ou seja, oferecer ajuda...

F: Consolo?

J: Sim. "Não parece que está tudo bem, então, quer conversar sobre isso? Quer conversar sobre o que está acontecendo?" E aí a outra pessoa tem a opção até de aceitar ou não, conversar; mas fica um oferecimento daquele que conseguiu ler nas entrelinhas. Oferece ajuda. Na nossa cultura, isso ajuda a criar um vínculo de confiança e de intimidade. É isso que eu uso para treinar os estrangeiros. Existem várias maneiras de desenvolver vínculos e desenvolver confiança; e essa é uma maneira. Assim como você oferecer ajuda, você consegue ler que o outro está precisando. Não esperar que o outro peça. Porque nas culturas individualistas você só oferece ajuda se o outro pedir, o que não é o caso para nós no Brasil.

36. Intolerância Crescente

F: Eu fiquei muito chocado com a reação das pessoas sobre uma reportagem, no *Business Insider*, que é um *website* americano. A reportagem falou de um americano que foi para o Brasil e citou oito coisas que ele achou surpreendentes nos brasileiros.

J: Que são?

F: Ele falou várias coisas que eram apenas pequenas peculiaridades, como o fato de que os brasileiros comem abacate de sobremesa, em vez de na salada ou no sanduíche; ele nunca tinha visto isso...

J: Espero que ele tenha apreciado. (*risos*) Um creminho de abacate...

F: Bom... E que as pessoas se tocam, com frequência: se encostam no braço, coisa assim... Nós sabemos que, para um americano, isso é uma coisa terrível, é um horror...

J: Tabu.

F: Eles não se encostam por nada, e quando eles se encostam: "Ó, desculpa." "Ok."

J: "Eu encostei em você." (*risos*) "Eu encostei o meu cotovelo no seu."

F: "Mil perdões." E ele também disse que no Brasil existe muito barulho, em toda parte, que o Brasil é barulhento demais.

J: Se fala um monte e muito alto.

F: É. O Brasil não é um país calmo...

J: (*risos*) Que novidade.

F: Mas o que eu achei mais chocante, é que ele postou isso no site dele nos EUA e uma amiga minha botou o link no Facebook, como uma curiosidade de cultura, de se ver a visão de um americano sobre o Brasil.

J: E um americano, diga-se de passagem, que me parece pouco viajado, também, não é? Mas, OK. (*risos*)

F: Eu fiquei chocado foi com os comentários que as pessoas fizeram sobre a reportagem. Eram todos assim: "Os americanos que se fodam, os gringos que se fodam, viva a nossa brasilidade!"

J: Nossa.

F: Pois é... Eram cerca de 20 comentários e uns 18 eram nesse estilo. Entende?

J: Barbaridade, que horror!

F: Houve até uma pessoa que disse: "cada cultura tem suas peculiaridades, nós também temos coisas que nós estranhamos, quando vamos lá fora." Teve só uma pessoa que falou isso.

J: Putz, só uma?

F: E uma outra que disse: "achei a matéria muito fraca." O resto, tudo era assim: "Morte aos estrangeiros e viva nós!"

J: (*Risos*) Credo.

F: Eu achei tantas reações exageradas, para uma matéria que era muito leve, não era crítica.

J: Pois é, a matéria não me parece crítica, nem profunda, está longe de ser; está tudo na superficialidade...

F: O que preocupa é a reação. Por que tamanha agressividade, porque tamanho medo?

J: De uma coisa tão simples e pouco agressiva.

F: Parecia uma coisa ameaçadora... As pessoas se sentiram ameaçadas. E aí, fizeram questão de dizer: "Não, esse cara tem que ser linchado!"

J: "Vai-se embora! Sai daqui, não fala mais." (*Risos*)

F: "Que se exploda, e viva nós." E acho que ele não quis fazer aquilo para agredir ninguém, era só para dizer: vejam como as pessoas são diferentes...

J: Eu vejo nisso uma ligação com a intolerância; eu estou vendo nesse momento, o brasileiro como muito intolerante.

F: Pois é.

J: A situação política e econômica ficou de tal forma, depois de quatro gestões do mesmo partido, que está realmente ficando muito pesado, as pessoas estão esgotadas, sem paciência. Não dá para se dizer que foi uma coisa apenas do PT, ou que foi só da gestão dele, é uma coisa que vem historicamente acumulando. A insatisfação das pessoas está aumentando, porque o nível de educação está melhorando, elas têm mais consciência do econômico, das situações políticas, de como está a educação, de como está a infraestrutura e estão mais intolerantes com tudo.

F: Existe alguma coisa de Distância de Poder aí. A crítica é vista como numa situação de abuso da autoridade. Numa sociedade hierárquica, ou você está em cima, ou você está embaixo, é quase uma sociedade verticalizada. Existe uma hierarquia, sempre.

J: Sim.

F: Então, existe uma necessidade de reagir, porque parece, para quem pensa assim, que o comentário que o outro fez é para me botar para baixo. Então, eu reajo botando ele para baixo.

J: Pode ser. Não é visto, certamente, como apenas uma manifestação para expressar outro ponto de vista.

F: Porque um de nós tem que estar em cima, o outro tem que estar embaixo.

J: É, certamente isso está junto.

F: Numa sociedade igualitária, não existe essa reação. Nós somos todos iguais. Podemos ter opiniões diferentes, discutir e tal, mas não significa que eu seja melhor do que você, ou que você seja melhor do que eu.

J: E no Brasil temos aquele Complexo do Vira-Lata – fala sério, não é?

F: O Brasil devia ter orgulho de ser Vira-Lata. O complexo, o achar ruim ser Vira-Lata, é um resquício de racismo.

J: Racismo europeu importado. O bom é nascer branco, europeu e raça pura.

F: Ser Vira-Lata é ruim. Na verdade, é o oposto: o Vira-Lata justamente tem mais qualidades, pelo fato de ser mestiço.

J: Talvez não tenha mais qualidade, mas o fato é que, em algumas coisas, uns vão se sair melhor, e os outros não. O Vira-Lata se sai melhor como sobrevivente da rua. É aquele que acha a solução, quando não tem nada na mão.

F: Ele tem um repertório maior, tem até um repertório genético maior. A tese racista é de que a raça pura é melhor. Qualquer que seja. E que algumas raças, então, são melhores do que outras. Que os arianos são melhores do que os negros. Coisas assim. Por que não dizer que o mulato é melhor do que o negro, do que o branco? Porque tem um pouco de cada, compreende?

J: Não, eu discordo. Todos são simplesmente iguais; senão, você está sendo racista ao avesso.

F: Bom, você tem razão; é que são todos equivalentes.

J: E cada um tem a sua característica própria, mas não é que um tenha mais valor do que o outro.

F: O branco tem valor, o negro tem valor, e o mulato tem valor. E se fosse para ter um argumento para defender quem vale mais, seria em tese até mais aceitável, então, dizer que o mulato vale mais, porque tem um pouco do branco, e um pouco do preto. Ele tem um repertório maior por isso. Me incomoda essa noção de que a mistura é ruim. A mistura é tão boa quanto, pelo menos, a não-mistura.

J: É, claro...

F: Mas a realidade atual é que: como temos no Brasil um complexo de inferioridade, existe mais intolerância, se reage contra qualquer crítica externa. Eu associo isso com o que existe na cultura americana, que é uma cultura também de imigrantes, de gente que fugiu de outros países, que teve que sair de outros países porque a situação era muito ruim. Eram os perseguidos religiosos na Europa, eram os que estavam passando fome na Itália na virada do século, coisas assim. Foram todos para os Estados Unidos e lá se tornaram superpatriotas. E passaram a rejeitar os outros imigrantes. Existe essa intolerância e esse patriotismo exacerbado do americano. E aquela ideia do *"American exceptionalism,"* de que o americano é melhor do que os outros. Tudo isso é um mecanismo de defesa para se contrapor ao sentimento de inferioridade.

J: E cujo ápice dessa história é a religião Mórmon, que chegou à conclusão de que Cristo veio uma segunda vez e apareceu nos Estados Unidos e que o paraíso terrestre de Adão e Eva era na verdade um lugar que ficava lá no interior da América do Norte, em Jackson County, no estado de Missouri.

F: Eu tenho medo de que o Brasil vá por um caminho parecido assim. De que à medida que vá se desenvolvendo, comece a desenvolver também aquele patriotismo exacerbado, que os americanos têm. Os brasileiros começam às vezes a dar uns sinais assim, e aí a criticar tudo aquilo que é estrangeiro, e a achar "não, mas o Brasil é o melhor de todos, apesar dos pesares." Isso é na verdade uma reação a um complexo de inferioridade.

J: Existe um ponto importante aí para falar da Distância de Poder. Isso está por trás do que estamos vendo na intolerância. A natureza do brasileiro é de ser mais tolerante. Isso está expresso na nossa miscigenação. Nossa origem é diferente da origem americana. Porque o índio não teve problema nenhum de miscigenar com o português e vice-versa. Quer dizer, o português já veio mais aberto e queria miscigenar. O negro chegou, misturou. Deu uma mistura grande. Isso está na nossa base, está ali. Isso nos dá um ponto de partida diferente.

F: Concordo. Eu sempre digo que o Brasil é realmente mesclado, enquanto que os Estados Unidos são mais um mosaico, onde as peças mantêm as suas cores originais. Lá as pessoas se misturam menos, elas vivem em guetos, em comunidades fechadas.

J: Certo. Mas o que eu estou vendo no Brasil sobre a intolerância é realmente mais como uma coisa situacional, que talvez perdure muito tempo ou não, não sei. Mas eu vejo mais como uma coisa situacional do que estrutural. Eu vejo isso mais ligado ao fato de que as pessoas agora estão por conta, elas já não toleram mais, elas não querem mais saber de que não há dinheiro para a educação, corta daqui, faz ali. Não querem mais isso. Não querem mais saber de que o ônibus que elas pegam é tão ruim. Isso tudo está culminando. E é preciso falar também da corrupção. A corrupção não é muito maior do que o que era no passado. Só que estamos enxergando mais, temos mais oportunidades de pegar os corruptos.

F: A visibilidade é maior, a corrupção não é necessariamente maior.

J: Isso também dá para as pessoas um sentimento muito ruim, dá a sensação de que a corrupção é muito maior. Isso faz as pessoas hoje realmente mais intolerantes. Agora, isso em geral não explicaria porque também existe essa intolerância com o estrangeiro.

F: Aí as coisas se conectam. Você está dizendo que isso aqui é mais situacional agora, e eu acho que a situação está se exacerbando.

J: OK, a questão estrutural pode se agravar por causa da situação atual. As pessoas dizem que a corrupção é geral; então, de certa forma, todo mundo se sente criticado, se sente ameaçado pela crítica.

F: Sim, pois as pessoas criticam a corrupção nos políticos, mas esquecem que cometem pequenos atos de corrupção no dia-a-dia. As pessoas nem se lembram de que quase todo mundo colava na prova.

J: E não acham que isso seja problema.

F: Porque não envolve pagar dinheiro. Mas corrupção não é só pagar dinheiro.

J: Elas acham que só é corrupção quando você chega a pagar por alguma coisa.

F: Corrupção inclui você violar a norma, você burlar aquilo que é a regra. De uma forma ou de outra. Você corrompe o que está estabelecido como norma.

J: O que acontece é que quando você começa a dizer "sim, realmente a situação está ruim, a corrupção existe, está mais visível", isso dói. E quando você ainda por cima diz assim "você também é corrupto, porque você também colava na prova" ou coisa assim... Isso tudo aumenta o sentimento de inferioridade. Aumenta a sensibilidade...

F: E daí quando vem um americano e diz assim "putz, mas vocês comem abacate de sobremesa", o pessoal reage: "ah, vai tomar no cu, americano filho da puta!"

J: Calma, calma...

F: É, calma (risos). Não é? O que é que tem? O cara achou estranho, só isso. Assim como quando eu levei um casal de gaúchos aqui para almoçar em Amsterdã. Eu pedi um sanduíche (risos) de tomate com abacate e eles ficaram me olhando como se eu estivesse...

J: Comendo formiga. (risos)

F: Ficaram me olhando e eu disse "o que foi?". "É que a gente não está acostumado a ver..."

J: A ver abacate em um sanduíche! Mas agora, um parênteses aqui, nós estávamos falando sobre colar na prova e eu me lembrei daquela imagem da turma de pais indianos...

F: Sim.

J: Subindo a parede da escola, se dependurando na janela para passar um bilhetinho...

F: Para passar cola.

J: Com a resposta da prova, com a cola para passar para os seus filhos. E o que eles estão ensinando? Não se dão conta do que estão ensinando aos filhos! A pessoa nem se dá conta que isso é um problema. Ao contrário: se vê como "estou ajudando um filho meu." Que é uma coisa do Coletivismo, bem forte.

F: Por isso tudo é que a reforma da educação no Brasil tem que começar pelo jardim de infância e pela escola primária. Não adianta ficar discutindo os currículos das universidades. Porque esses valores todos...

J: Precisam ser aprendidos na infância.

F: Não é depois que você está na faculdade que você vai conseguir ensinar outros valores, coisas de equivalência.

J: Mas é preciso dar suporte aos pais, que são os maus exemplos. Os pais dessas crianças precisam ter uma mudança de atitude.

F: Eles precisam ser reeducados.

J: Porque não é só na escola, que se educa. Muito é dentro do lar.

F: Sem dúvida. Então é preciso reeducar os pais ao mesmo tempo em que se muda...

J: A educação das crianças.

F: Mas o foco tem que ser, digamos assim, nos pais e nas crianças, e não no jovem adulto. Essa geração do jovem adulto, eu acho que está (risos) perdida, não é?

J: É.

F: Estou exagerando?

J: Sou otimista. Dá para se trabalhar essa geração. E no geral o jovem é muito mais flexível do que o adulto formado.

F: Tem razão, em geral ele é.

J: Porque quando você se torna pai, é diferente. Pais e mães ficam mais sensibilizados para fazerem coisas pelos seus filhos.

F: Concordo. É a oportunidade para educar as crianças com valores melhores do que aqueles que aprendemos há vinte ou trinta anos atrás.

37.   É possível mudar a cultura? Como?

J: Não é simples mudar a cultura, porque ela é muito estável, ela muda muito devagar. O que muda são as camadas mais superficiais da cultura, como os símbolos. Quando se pensa "o mundo está mudando e todo mundo está comendo a mesma coisa, assistindo a mesma coisa," isso são camadas superficiais.

F: Aquela coisa de usar o Whatsapp...

J: É. "Todo mundo está se comunicando de um modo diferente." Não. Todo mundo está usando uma tecnologia nova, mas a maneira de se comunicar continua sendo como antes. Alguns se comunicam com muito mais contexto do que outros. A camada mais profunda da cultura, que é a dos valores, essa demora para mudar. Ela muda, só que mais devagar

F: Eu fico imaginando a cultura como se fosse o planeta Terra girando. A velocidade linear da rotação da Terra, no centro do planeta, ela é mil vezes menor do que na superfície da Terra.

J: Isso é uma boa analogia.

F: Na superfície da Terra, embora a gente não sinta, o planeta está girando a mil e seiscentos quilômetros por hora. E a gente não sente isso por causa da gravidade. No centro da Terra essa velocidade é de uma milha por hora, 1.6 km por hora. Então a cultura é uma coisa mais ou menos assim. Os valores que estão no centro, eles mudam muito devagar, enquanto que as camadas mais superficiais, como os heróis, os símbolos, os rituais, os hábitos de comida, de vestir, o uso da tecnologia... isso tudo está na superfície e muda com uma rapidez muito maior.

J: Eu acho que seria interessante se falar um pouquinho mais dessas camadas. Os símbolos são a camada mais superficial. É a maneira como as pessoas se vestem, a maneira como comem, os símbolos de um país, como a bandeira. Essas coisas são mais fáceis de mudar. A outra camada seria a camada dos heróis, que são pessoas que representam a cultura de alguma forma, vivas ou não. Por exemplo: para nós, no Brasil, heróis como Senna, como o Pelé... Ou alguma celebridade: tipo, para as crianças, como era a Xuxa. São pessoas que representam valores que estão impregnados na cultura.

F: A Xuxa representava o ideal de beleza: uma apresentadora de programa infantil que entretinha as crianças, mas que era uma modelo. Uma mulher bonita, charmosa, então atendia adultos e crianças. Nas próprias crianças já fica aquele ideal de ser bonita.

J: E também cheia de energia. Ela tentava ser uma pessoa agradável e dócil. Isso tem a ver também com esse lado mais coletivista, do relacionamento. Ela desenvolvia um relacionamento com as crianças, tinha tudo isso. Os heróis são bem diferentes, de novo, de acordo com a cultura. Por exemplo, o herói americano é o super-herói, aquele da força, aquele que faz, que atinge coisas, que resolve. É o herói que vence. Já os heróis nórdicos, são o contrário... São os heróis que largam a ideia de vencer ou de lutar, para poder ficar com a mocinha. Eles são o anti-herói para o americano... é o herói nórdico.

F: Por que o Senna foi tão idolatrado? Porque ele venceu na arena internacional e teve aquela coisa de desfilar com a bandeira do Brasil, de ter orgulho do Brasil. O Senna recuperou no brasileiro o orgulho da bandeira, o orgulho de ser brasileiro diante de outras nações. Além disso, ele tinha uma religiosidade muito forte. Ele falava em Deus à toda hora e isso caía muito bem no imaginário coletivo do brasileiro religioso. Ele alimentava a esperança do brasileiro de vencer, pela combinação de talento e perseverança. Isso tudo fez com que ele representasse esses aspectos da cultura e fosse idolatrado. E além disso tudo, ele acabou morrendo no auge da carreira; isso sempre faz com que as pessoas se tornem idealizadas. Quem morre no auge do sucesso não passa pelo processo natural de decadência, de cair o seu desempenho, de ficar por um longo tempo exposto à mídia e ter a sua vida submetida a uma crítica detalhada. Por exemplo, eu comparo com o Pelé...

J: Eu ia te perguntar o que podia se dizer do Pelé...

F: O Pelé também representava, na sua época, porque foi muito antes da época do Senna, o orgulho de ser brasileiro diante de outras nações. E jogando um esporte coletivo, que tem a ver com o Brasil, muito mais do que a Fórmula 1. Ele sendo um rapaz simpático, com sorriso bonito; um negro de uma família menos favorecida, pobre, que se torna milionário, se torna admirado pelo mundo inteiro, era um perfeito herói para aquela época dos anos 50 e 60. Ele era, na verdade, muito bem-comportado. Era dedicado nos treinos, era uma pessoa educada. Essas coisas todas ressonavam na cultura brasileira. Mas depois que ele se aposentou e parou de jogar futebol, ele ficou mais trinta, quarenta anos exposto à mídia... Ele não tem mais o desempenho nos campos, ele não joga mais. Aí começam a ver aspectos da vida pessoal dele, que as pessoas então criticam. Ele é entrevistado e dá palpites sobre política, sobre isso e aquilo, e surgem as críticas. O Senna não teve que passar por tudo isso. Se o Senna estivesse vivo até hoje, provavelmente ele não seria tão idolatrado, porque ele teria dado algum palpite em política que um segmento da população ia ser contra... iam descobrir algum detalhe da vida pessoal dele que ia ser motivo de crítica, e assim por diante.

J: Mas qual é o seu ponto com isso? Nós estamos falando do herói.

F: O meu ponto é que o Senna foi idolatrado porque morreu no auge, e o Pelé foi idolatrado até chegar no auge; e hoje ele é menos idolatrado porque teve o desgaste do tempo e o Senna, não.

J: Ok, mas ele continua sendo um herói nacional. O Pelé.

F: Sim. Mas quando você fala em Pelé hoje, tem metade das pessoas na internet que já criticam, dizendo "ah, ele não presta, porque não reconheceu a paternidade da filha ilegítima que ele teve..." Ele tem aspectos que vão contra certos valores da cultura, então sua condição de herói é questionada.

J: Então quem seriam substitutos atuais do Pelé no futebol? Hoje seria o Neymar?

F: É, seria o equivalente, mas o Neymar é muito mais controverso desde já... Por quê? Porque o Neymar não é um menino bem-comportado. O Neymar é irreverente, ele tem uma postura pessoal de desdém. Nas entrevistas, na maneira de falar com as pessoas, ele ostenta, ele anda de carro esporte milionário e isso incomoda algumas pessoas... Ele tem um jeito de "malandro" que, para alguns, aumenta a idolatria e para outros diminui. Ele é mais controverso.

J: Eu fico pensando também que o momento do País ajuda a aparecerem novos heróis, como o juiz Sérgio Moro, da Lava-Jato.

F: Sim, no momento em que há uma cruzada contra a corrupção, aparece um jovem juiz que é durão; que bate nos bandidos de colarinho branco e ele vira um herói. Ele está expressando um valor coletivo que é o de acabar com a corrupção. Então vira um herói nacional.

J: Mas existe ainda a outra camada, dos rituais. Falamos nos símbolos, nos heróis, mas existem também os rituais. Estão ligados justamente a momentos que são mais marcantes para aquela comunidade. Como ritos de passagem, tipo um ritual de casamento, ou a maneira como as pessoas fazem seus funerais, um batizado, enfim...

F: Formatura, baile de debutantes. Essas coisas assim. No Brasil, uma coisa típica da cultura brasileira é a comemoração de aniversários de crianças.

J: É. Todo lugar tem, mas no Brasil virou, inclusive, um grande negócio. Ter locais para fazer festas de aniversário de crianças, nas grandes cidades.

F: Ter uma festa superlativa, digamos assim... Exagerada, grande, maníaca. Muito mais do que em outras culturas. Todo mundo comemora os aniversários das crianças, mas em outras culturas, geralmente, se faz a festa em casa; a festa é menor, tem menos gente... é só para as crianças...

J: Não envolve os adultos.

F: No Brasil, é um acontecimento que envolve um monte de gente e precisa de espaço. É tão grande que não cabe dentro de casa. É preciso ir para um outro lugar.

J: E isso é tipicamente ligado à questão coletiva, de relacionamento. Quer dizer: você aproveita o aniversário das crianças para ter os amigos juntos. Não só os aniversários das crianças, mas todos os eventos. Nos casamentos também vêm todos os amigos dos pais, colegas de trabalho, enfim... A partir daí a camada mais profunda é a camada dos valores, que é justamente a que demora mais para mudar.

F: Muda mais devagar.

J: É mais estável, qualquer mudança é mais lenta. E como é que muda? Muda com a educação. É preciso educar as crianças de forma diferente e aguardar as novas gerações... Os frutos vêm com as novas gerações.

F: Os valores básicos se formam na infância. Só que quando a gente diz "bom, então a maneira de mudar a cultura é mudando os valores da infância", a reação inicial das pessoas é dizer: "mas aí vai levar 20, 25 anos...".

J: Sim. E não vai levar só 20, 25; vai levar duas, três gerações para começar a mudar mesmo.

F: Cem anos ou mais. Isso se conseguir fazer todo mundo mudar na mesma direção e no mesmo ritmo. Até acertar o passo, vai mais um tempo! Se é difícil mudar os valores de uma família, digamos assim, educando as crianças de uma maneira diferente, imagina só educar 20 milhões...

J: Uma população...

F: Vinte milhões de crianças... que seria 10% da população brasileira... todas as crianças que nascem num determinado ano vão ser educadas de uma forma diferente. Isso não é alinhado, é quase impossível alinhar isso. Dá para se fazer, se houver um esforço nacional de mudar valores na maneira de educar as crianças em casa, na família, etc. E na escola. Só que daí as pessoas dizem "bom, mas como é que se vai conseguir que os pais eduquem diferente? Que as escolas eduquem diferente?".

J: Não é só na escola, é a educação toda. Principalmente a educação em casa.

F: Portanto, ao mesmo tempo em que se age para mudar a educação das crianças, é preciso mudar as cabeças dos pais. E dos professores nas escolas. É preciso fazer uma reforma de ensino e também uma campanha nacional de mudança de valores nos pais, para que eles comecem a mudar os valores dos filhos.

J: Me ocorre de novo aquela imagem dos pais indianos... Aqueles que ficavam pendurados nas janelas de uma escola (vide https://www.youtube.com/watch?v=dpX3hWCHm5I) Eles queriam que os filhos passassem nos exames, então chegavam a se pendurar nas janelas, para passar colinha para os filhos. Quer dizer: que mensagem eles estão passando ali?

F: "É preciso levar vantagem." Essa é a mensagem que eles passam.

J: Exato. "Você pode fazer qualquer coisa para atingir o seu objetivo," mas o princípio de que isso é desonesto, que é uma trapaça, isso não ocorre para eles...

F: É visto como secundário. Porque o mais importante é vencer na vida a qualquer custo.

J: É ter o meu filho conseguindo um espaço. Como é que se muda a cabeça desses pais? Porque esses pais estão passando essa mensagem errada para os filhos.

F: Se esses pais não mudarem o seu comportamento, não vai mudar o comportamento dos filhos, por isso a cultura é difícil de mudar.

J: Por isso é que ela se perpetua, porque ela vai passando de geração para geração.

F: Por isso demora muito para mudar. Porque é preciso mudar a cabeça dos pais, para que eles mudem a cabeça dos filhos. E se isso acontecer, em 75 anos alguma mudança pode ocorrer. Agora, existem, por outro lado, alguns exemplos de mudança cultural bem sucedida em determinados lugares do mundo. Isso mostra que a mudança é possível. Claro que fica mais fácil em países menores. Por exemplo: Singapura... Singapura foi um país que foi criado no início da década de 60, e com três milhões de pessoas... hoje tem cinco, quase seis milhões, mas se conseguiu fazer um programa todo de educação e de propaganda cultural para a própria população. Isso fez com que, 50 anos depois, se formasse uma cultura específica em Singapura, que é diferente da cultura da Malásia, que está ali do lado. E é mesmo diferente da China, de onde vieram a maioria das pessoas que fundaram Singapura. Eles têm determinados valores que se incutiu e continuam a se incutir nas crianças desde cedo, em casa e na escola, em termos de buscar o desempenho, de buscar a excelência, de ter disciplina, de ter integridade, etc. Eles conseguiram fazer isso. Mostra o seguinte: que é possível, de maneira planejada, fazer mudança cultural. É mais fácil quando se tem uma comunidade menor, mas dá para fazer...

J: Hong Kong também, não é? É outro que tem uma cultura diferente do resto da China... e a influência é justamente inglesa.

F: O (David) McClelland fez um estudo na década de 50 comparando o conteúdo das cartilhas de alfabetização de diferentes países. Ele mostrou que existia uma correlação entre cartilhas e desenvolvimento econômico. Quando o conteúdo das cartilhas enfatizava desempenho e fazer as coisas bem feitas, ele media depois o desenvolvimento da economia em termos do consumo de energia elétrica; e ele verificou que 20, 30, 40 anos depois, os países em que as cartilhas enfatizavam o desempenho tinham um desenvolvimento econômico maior. Isso comparado com países que eram geograficamente limítrofes, mas que não enfatizavam tanto o desempenho nas cartilhas de alfabetização. Portanto, o conteúdo da educação das crianças influi na cultura 20, 30, 40 anos depois. O que não dá é para se pensar assim: "nós vamos mudar a cultura brasileira elegendo um novo presidente, e a partir daí a cultura vai mudar".

J: Não, mas eu acho que ninguém pensa isso.

F: Pois é, a mudança da cultura pode até acontecer, mas vai levar 25, 50, 75 anos...

J: É, mas é preciso começar hoje. A questão é, então: 1) é difícil, 2) vai devagar, 3) é preciso começar hoje.

F: Exato. E começa por reconhecer o que é a cultura.

J: Sim.

F: Como ela é hoje e como é que se gostaria que ela fosse.

J: Quais são os pontos que se gostaria que mudassem, ou para os quais se desse uma direção um pouco diferente...

F: E reconhecer que é possível mudar; porque se as pessoas, primeiro, nem reconhecem que cultura é uma coisa que existe, ou não reconhecem as características da cultura brasileira, ou acham que é impossível mudar... então, aí mesmo é que não muda. Se você não reconhece a cultura como um objeto de estudo, alguma coisa que pode ser estudada e discutida. Ou se você não reconhece que existem determinadas características que são típicas da cultura brasileira. É preciso começar por aí, senão...

J: É assim: identificar que características são essas e identificar aquilo que é de manter e o que se gostaria de mudar. E aí sim, haver algum tipo de investimento, de tempo, de pensamento, de planejamento e de ação na direção do que se gostaria de mudar.

F: Às vezes as pessoas dizem: " bom, mas você não vai querer transformar o Brasil na Dinamarca".

J: Nem tem como. Não existe isso. Não existe um país se transformar no outro e também cada país tem coisas que são admiráveis e coisas que mereciam mudar. Não é porque a Dinamarca pode ser considerada, sei lá, primeiro mundo, que tudo que tem lá é bom.

F: Exatamente. O que eu gostaria de ver não é que o Brasil se transformasse na Dinamarca, mas é que o Brasil fosse um pouquinho mais justo do que é; de que as pessoas assumissem um pouco mais de responsabilidade individual do que assumem... e que houvesse um pouco mais de igualdade.

J: Eu vejo também assim. O que me faz bem quando penso em estar morando na Holanda... é o fato de que as pessoas são tratadas com mais igualdade. Do jeito que você estiver, mesmo mal vestido...

Até existe alguma diferença na maneira de atender, se você for muito mais *"fancy"* e tal, mais bem vestido, mas é uma diferença muito pouca, e eventualmente nem vai fazer diferença se você vem com uma roupa mais simples: vão te tratar igual, com justiça. A justiça é também nesse sentido: de as pessoas poderem brigar pelos seus direitos. Isso tudo eu acho que é uma diferença grande. E a questão de corrupção: eu realmente acho que se no País houvesse menos corrupção, menos gente predisposta a aceitar corromper o outro ou a se corromper, isso faria uma diferença tremenda no Brasil. Inclusive, porque o País não tem um problema de capital. A questão é como esse capital está distribuído. E quanto desse capital está indo para o bolso das pessoas que querem levar vantagem.

F: Não é falta de dinheiro. É onde se usa o dinheiro. A maneira de usar o dinheiro, no que o dinheiro é aplicado.

J: E o dinheiro que é desviado.

F: Existem vários estudos que mostram que o investimento por aluno aumentou no Brasil nos últimos 5, 10 anos. Mas os resultados dos alunos nas escolas pioraram. O problema não é a quantidade de dinheiro, o problema é como esse dinheiro está sendo investido. Quanto desse dinheiro está sendo desviado, quanto desse dinheiro está sendo mal administrado, está sendo usado para sustentar a burocracia dos ministérios e das secretarias de educação, em vez de pagar melhor os professores. O quanto esse dinheiro está sendo usado para preparar melhor os professores... Não é simplesmente pagar melhor porque queremos ser bonzinhos. Não, é de remunerar o bom desempenho dos professores, recompensar os professores que são bons.

J: E investir naqueles que precisam melhorar, com treinamento e preparação.

F: Investir na melhoria efetivamente, não simplesmente distribuir dinheiro porque a gente quer ser bonzinho. Mas usar a remuneração como forma de estimular o melhor desempenho e dar melhores condições a eles, e assim por diante. A maioria dos problemas que o Brasil enfrenta, em termos econômicos e políticos, estão ligados à cultura. E é por isso que a cultura precisa mudar, é preciso melhorar alguns aspectos e isso vai fazer com que as condições de vida sejam melhores para todos.

J: Isso eu acho importante frisar, porque não estamos falando de ter que mudar tudo. Não. Tem muita coisa importante e significativa e que nem é possível mudar. A cultura não muda toda. Mas é mais sobre identificar alguns aspectos que possam ter um impacto positivo, se mudados.

F: Talvez pudéssemos falar um pouco daquilo de que mais gostamos justamente na cultura. Quando se vem ao Brasil, para trabalhar com clientes e ver amigos e parentes. É bacana, nós gostamos de trabalhar no Brasil porque, por exemplo, nós nos divertimos trabalhando: diversão e trabalho ao mesmo tempo.

J: Existe a questão do humor. Existe a afetividade e a espontaneidade. O relacionamento é uma coisa muito legal. Vivendo na Europa, se vê que as pessoas lá tendem para esse outro lado, de não serem tão espontâneas e o lado de não expressarem tanto as suas emoções. Isso estabelece uma certa distância entre as pessoas. É mais difícil de você chegar realmente a ter mais intimidade com as pessoas. No Brasil você consegue intimidade com mais facilidade. O relacionamento ajuda isso. É uma das coisas de que eu gosto.

F: O lado ruim disso é quando descamba para um ponto em que você dá favorecimento para quem é teu amigo. Esse é o lado negro da mesma moeda. O relacionamento é bom; mas é preciso não chegar ao ponto em que isso prejudique a justiça ou a igualdade.

Um outro aspecto do qual eu gosto, é que em função do respeito à hierarquia, na verdade é mais fácil se conseguir fazer certas coisas, porque se o chefe decidiu e mandou fazer, as pessoas fazem.

J: A coisa acontece.

F: Na Holanda, por exemplo, existem sempre tantas discussões e contestações ao chefe que é difícil fazer qualquer coisa.

J: As coisas demoram para acontecer.

F: Porque o princípio é de que o chefe deve ser contestado. É mais difícil conseguir realizar as coisas. No Brasil, se consegue fazer mais. O lado negro disso é que se o chefe manda fazer uma coisa errada, as pessoas fazem rapidamente essa coisa errada, porque não contestam.

J: Eu gosto também da criatividade da cultura brasileira.

F: A flexibilidade de dizer: "bom, se encontramos um obstáculo, vamos procurar uma forma diferente e criativa de vencer esse obstáculo". E, aliado a isso, existe o aspecto de não desistir facilmente, de ter esperança, de achar "se não deu por aqui, vamos procurar uma outra forma, porque a gente haverá de encontrar uma solução". Eu acho que muitas vezes, na Holanda, as pessoas desistem com facilidade. Como existe menos ambição, menos valorização do desempenho, muitas vezes fica no "ah, se não deu, não deu. Então, tá. Isso aí não dá. Desiste". O que eu gosto no Brasil, é que as pessoas não desistem com facilidade. "Não deu? Vamos achar um outro jeito para dar certo." E são flexíveis para tentar pensar fora da caixinha e procurar alguma outra maneira. O Coletivismo também ajuda, em termos de trabalhar em grupo. Se cada um dá uma ideia, quem sabe todos juntos descobrimos uma maneira de resolver. Essas são características positivas.

J: Pelo lado do Coletivismo, eu gosto justamente daquela ideia de que quando existe uma emergência, de "pegar junto..." "Vamos todo mundo agora, vamos fazer um mutirão". Todo mundo se junta para solucionar um problema. É fácil se mobilizar pessoas para uma emergência e fazê-las saírem todas juntas para resolver.

F: Isso é mais fácil no Brasil do que na maioria da Europa ou nos Estados Unidos. Nesses outros lugares as pessoas resistem mais a se engajar em qualquer coisa, porque elas pensam mais na sua responsabilidade individual, mais do que numa coisa coletiva em nome de um valor maior. Existe uma crítica individual muito forte, que faz com que todo mundo pense duas ou três vezes antes de fazer qualquer coisa. E isso torna mais difícil fazer as coisas.

J: Nos serviços, é bonito ver o sorriso genuíno quando a pessoa realmente está a fim de te atender bem; não é o sorriso de plástico do americano. Em média, você tem um bom serviço nos Estados Unidos. Ele é rápido, mas ele é *fake*. O cara está fazendo aquilo porque ele foi treinado. Então o sorriso não é autêntico. Enquanto que no Brasil, quando você vê um sorriso, o sorriso é autêntico. E quando a pessoa está de mau humor, não tem sorriso. Eu acho que existe mais autenticidade. As pessoas expressam mais as emoções. No trabalho, também. Eu gosto mais disso, assim. Acho que se tem um contato mais autêntico.

F: Quanto à mudança de cultura, quando falamos em mudar a cabeça dos adultos para que os adultos mudem a cabeça das crianças, seria necessário haver uma campanha nacional perene. Seriam campanhas de valores como se vê na televisão, nos jornais, nas igrejas, nos centros comunitários... Campanhas que promovam valores de maior igualdade, maior respeito um ao outro, mais honestidade, mais justiça... Isso pode ser uma política de governo federal, estadual, municipal, local. É preciso haver um mutirão em que as políticas públicas e também as ONGs tenham seu papel. Podem haver ONGs específicas dedicadas para isso.

A educação para o trânsito é uma forma de mudança cultural também. Ela acontece para quem já é motorista adulto; e também se educam as crianças sobre as regras do trânsito na escola e em casa, o respeito ao outro. Existem campanhas deliberadas, planejadas, que podem ser feitas envolvendo o governo, mas também as empresas e também as ONGs. Podem haver parcerias, um pacto social em torno de determinados valores. Isso vai empurrando a cultura numa determinada direção.

J: Vai se tornando uma coisa mais subliminar e perene. Também não é difícil de identificar exemplos na própria cultura hoje, que são os exemplos positivos daquilo que se quer reforçar. Às vezes aparece na internet uma coisa especial, do tipo: um guarda que foi lá e comprou com seu dinheiro um sapato para o cara que não tinha... Isso é uma coisa de solidariedade. É o tipo do exemplo que está ali dentro da comunidade e que pode ser trazido, divulgado. Não é difícil, também, identificar exemplos que reforçam aquilo que se quer reforçar, exemplos que mostram aquilo que se quer desenvolver e usar isso tudo em campanhas. Mas realmente é preciso fazer parte de um pacto social, ser algo que a sociedade decidiu que quer investir.

F: Se pode fazer também alguma coisa específica com os professores, em termos de formação, dentro dessa linha de maior igualdade, de maior respeito, responsabilidade individual, menos hierarquia.

Vi uma reportagem da BBC Brasil, que já mencionamos aqui, sobre professores brasileiros que foram visitar a Finlândia e foram ver como é a famosa educação deles.

https://educacao.uol.com.br/noticias/bbc/2016/12/07/professores-contam-como-aplicam-no-brasil-o-que-aprenderam-na-finlandia.htm

A boa notícia é que eles voltaram dizendo assim: "nós vimos um monte de coisas bacanas e que nós podemos fazer nas nossas salas de aula, porque são simples. Achávamos que se iria ver muitas coisas ligadas à tecnologia, que todo mundo ia estar trabalhando com tabletes eletrônicos e não sei mais o quê... e não é nada disso." O que existe de tecnologia sofisticada na Finlândia é pouco. Há muita coisa que se pode fazer com os recursos se tem hoje nas nossas salas de aula. É mais a maneira de tratar as crianças.

J: Aquilo que vimos no filme do Michael Moore (*Where To Invade Next)*, que é do tipo: deixar as crianças brincarem mais tempo, dar menos lição de casa para elas poderem ser crianças. Aproveitar que elas aprendem com o que elas estão brincando e aí dar uma tarefa que é "enquanto você brinca, procure observar as características das árvores, dos animais..." O tema de casa é trazer o que se viu e explicar... A educação pode ser muito mais simples, realmente. É bom ver os professores se dando conta de que é possível mudar muitas coisas com os recursos que já temos. Não é nada mirabolante.

F: É factível. Pessoalmente, eu só quero três coisas, para manter o foco: um pouco mais de igualdade; um pouco mais de responsabilidade individual; e um pouco mais de disciplina. Em outras palavras: um pouco menos de hierarquia (DIP); mais IDV; e menos OLP.

J: Dá para se fazer um pacto social em torno disso?

F: Sim, mas deveria ser um pacto bem amplo, envolvendo o governo (executivo, legislativo e judiciário); o mundo acadêmico e o mundo dos negócios; empresários, sindicatos e ONG's; escolas, hospitais, órgãos de segurança; associações profissionais e comunitárias. E é preciso entender a cultura; e ter vontade de mudar.

Referências

Capítulo 1

Hofstede, Geert – *Cultures and Organizations, Softwares of the Mind* – New York: McGraw-Hill, 2010.

Capítulo 2

Lanzer, Fernando – "Cruzando Culturas Sem Ser Atropelado" – São Paulo: Évora, 2013.

Lanzer, Fernando e Pereira de Souza, Jussara – "Era Uma Vez... Mas Não Erra de Novo!" – New York: CreateSpace, 2015.

Lanzer, Fernando – "Tire Os Seus Óculos" – New York: Create Space, 2013.

Capítulo 11

"Eu sou arquiteta, não posso ser presa!"
https://www.youtube.com/watch?v=PmAPMWPQUG0

Capítulo 27

Hofstede, Geert – *Culture's Consequences* – Sage, London, 2003.

Capítulo 30

Odorico Paraguaçu no "Roda Viva"
https://www.youtube.com/watch?v=9SNMIo-1_lo

Capítulo 31

Gérson e a propaganda de cigarros

https://www.youtube.com/watch?v=fh9u_amafFI

Capítulo 35

"Não é uma Brastemp."
https://www.youtube.com/watch?v=l8zLTPpdk7o

Jô Soares como Don Gardelón – "muy amigo"
https://www.youtube.com/watch?v=O8hCG0eSmtI

Capítulo 36

http://epocanegocios.globo.com/Inspiracao/Vida/noticia/2015/03/8-coisas-tipicas-do-brasil-que-chocam-estrangeiros.html

Capítulo 37

http://oglobo.globo.com/sociedade/educacao/pais-amplia-gasto-por-aluno-mas-nao-consegue-melhorar-nivel-do-ensino-20608123

Pais indianos pendurados na janela passando cola aos filhos
https://www.youtube.com/watch?v=dpX3hWCHm5I

https://educacao.uol.com.br/noticias/bbc/2016/12/07/professores-contam-como-aplicam-no-brasil-o-que-aprenderam-na-finlandia.htm

Where To Invade Next – Filme dirigido por Michael Moore, Dogwoof Productions, 2015.

Sobre os autores

Fernando Lanzer morou nos Estados Unidos, no Brasil e na Holanda, estando radicado desde 2003 em Amsterdã. É gaúcho de Porto Alegre e formado em psicologia pela PUCRS. Tornou-se um dos consultores brasileiros mais requisitados por empresas multinacionais interessadas em melhorar sua eficácia na gestão de pessoas e no negócio como um todo. Acumula 40 anos de experiência como executivo internacional, como palestrante e consultor de gestão. Foi vice-presidente executivo do Banco ABN AMRO no Brasil e na Holanda e presidente do Grupo Supervisor do AIESEC, a maior entidade mundial administrada por jovens universitários dedicada ao intercâmbio. Atualmente integra o conselho da Escola Internacional da Amsterdam (*International School of Amsterdam* – ISA). Tem vários artigos disponíveis na internet e publicou em português os livros *"Tire Os Seus Óculos"*, e *"Cruzando Culturas Sem Ser Atropelado."* Publicou em inglês *"Take Off Your Glasses"* (original do *Tire Os Seus Óculos*), *"The Meaning Tree"*, *"Bedtime Stories for Corporate Executives"* e *"Trust Me"*, este último em parceria com Reynold Chandansingh. Seu mais recente livro se chama *"Cultura Organizacional: Entender, Manter e Mudar"*.

Jussara Pereira de Souza é psicóloga formada pela PUCRS e gaúcha de Porto Alegre. Fez formação no Brasil com a Sociedade Brasileira de Dinâmica dos Grupos (SBDG) e *coaching* em Amsterdã com o *Institute for Application of Social Sciences* (IAS *International*). Teve uma carreira como executiva de Recursos Humanos em diferentes organizações e criou sua própria empresa de consultoria nos anos 1990 em São Paulo. Radicada na Holanda desde 2003, especializou-se em *coaching* e facilitação de *workshops*. Trabalha com desenvolvimento de lideranças e na preparação de expatriados e suas famílias ao mudarem para uma nova cultura, notadamente em parceria com o Instituto Real dos Trópicos (*Koninklijk Instituut voor de Tropen* – KIT) de Amsterdã. Jussara tem uma carreira paralela em artes plásticas, pintura e fotografia, tendo exposto diversas vezes na Holanda e publicado os livros de fotografia *"São Paulo Mirrors. Hidden Beauty of a Concrete Jungle"*, *"Magic Sea"*, *"Garopaba Distorted"*,

"Oranje Celebration. The Dutch King's & Queen's Day" e *"Netherlands Upside Down"* (este como Ju Pereira).

Fernando@LCOpartners.com
http://fernandolanzer.com

www.LCOpartners.com
jussaranpsouza@outlook.com

Fernando e Jussara também escreveram juntos a obra "Era Uma Vez... Mas Não Erra De Novo" (Create Space, 2015).